Pierre Deslais

La Normandie

Géographie curieuse
et insolite

Éditions **OUEST-FRANCE**

INTRODUCTION

Une région littorale entre Bassin parisien et Massif armoricain

Si la Normandie a longtemps été divisée en deux régions administratives, la géologie distingue elle aussi deux Normandie. À l'ouest d'une ligne Bayeux-Alençon, la Normandie armoricaine serait la « haute » Normandie,

avec ses reliquats du Massif armoricain qui atteignent 362 mètres au mont Pinçon, dans une petite région du sud du Calvados surnommée la Suisse normande. À l'est de cette ligne, les terrains sédimentaires du Bassin parisien forment des plaines et de bas plateaux propices à la céréaliculture, mais aussi à la culture du lin, importante en Haute-Normandie. L'élevage bovin y tient tout de même une place importante, avec la production de fromages aussi renommés que le livarot, le pont-l'évêque ou le camembert.

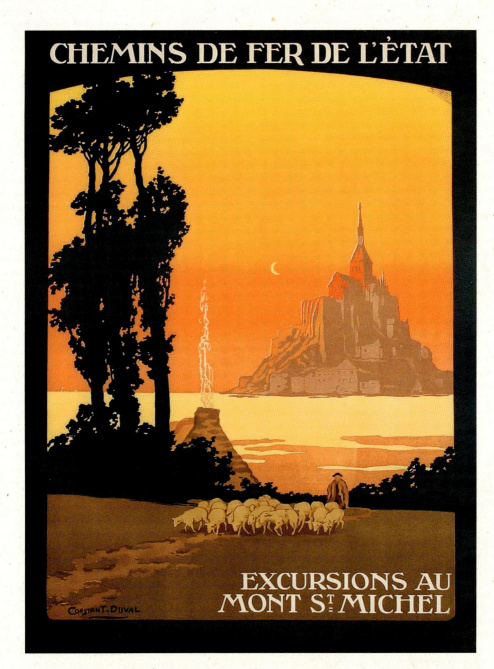

Du Mont-Saint-Michel au Tréport, le littoral normand occupe une grande partie des côtes françaises de la Manche, une mer qui n'était qu'un fleuve il y a vingt mille ans. Les côtes basses prédominent à l'ouest où l'on trouve tout de même les plus hautes falaises de Normandie, celles du Nez de Jobourg (127 m). Les falaises de la Côte d'Albâtre frôlent à plusieurs reprises cette hauteur, quand elles ne sont pas entrecoupées par les nombreuses valleuses, les vallées perchées caractéristiques du littoral du pays de Caux.

La falaise d'Amont à Étretat.

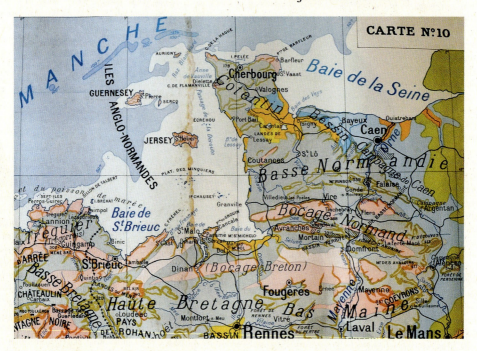

Cherbourg est devenu un port militaire de premier rang grâce à sa rade artificielle, tandis que Le Havre et Rouen, avant-ports de Paris, ont constitué des lieux d'échanges importants, mais aussi des lieux de production (raffinerie, industries mécanique et chimique) autour de la vallée de la Seine. À l'échelle nationale, le port du Havre, qui occupe une grande partie de son estuaire,

LE HAVRE
PORTE DE L'OCCIDENT

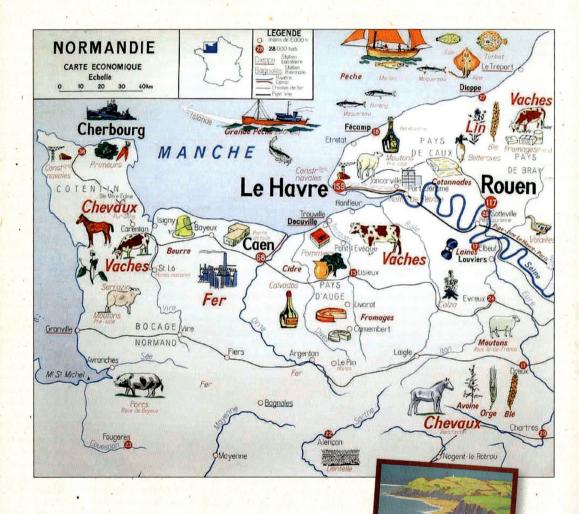

arrive juste après Marseille en termes de trafic de marchandises et s'inclut dans la *Northern Range* avec les grands ports de la mer du Nord. Sur l'autre rive de l'estuaire, l'économie de Honfleur est aujourd'hui tournée vers le tourisme, activité économique majeure de la Côte Fleurie toute proche.

Un peu d'histoire

Les noms des peuples gaulois qui occupaient les régions de ce qui allait devenir la Normandie se retrouvent dans les noms de lieux : Abrincates (Avranches) ; Bajocasses (Bayeux) ; Viducasses (Vieux, près de Caen) ; Lexoviens (Lisieux) ; Éburovices (Évreux) ; Calètes (Caux) ; Véliocasses (Vexin). Seuls les Unelles qui avaient fixé leur capitale à Coutances ne semblent pas se cacher dans la toponymie normande. Lillebonne, l'antique *Juliobona*, abrite les vestiges d'un théâtre gallo-romain, près duquel fut découverte une statue d'Apollon, conservée au Louvre. Une remarquable mosaïque se trouve quant à elle au musée des Antiquités de Rouen, cité alors connue sous le nom de *Rotomagus*.

Le début du Moyen Âge est marqué par la fondation d'abbayes bénédictines, de Saint-Wandrille à Jumièges en passant par Fécamp et le mont Saint-Michel.

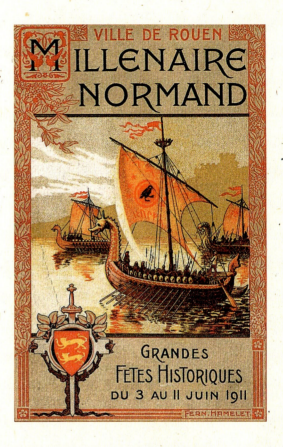

Le théâtre antique de Lillebonne.

C'est à partir du IXe siècle qu'interviennent ceux qui sont à l'origine du nom de la Normandie. Les Vikings encore appelés Normands – autrement dit les « hommes du Nord » –, mènent des raids en remontant les fleuves à bord de navires improprement appelés drakkars (le terme approprié est *knörr*). En 911, le roi des Francs Charles III le Simple cède la Normandie à leur chef Rollon, lors du traité de Saint-Clair-sur-Epte.

Aux XIᵉ et XIIᵉ siècles, Guillaume le Conquérant et son fils Henri Iᵉʳ Beauclerc laissent leur empreinte sur le jeune duché de Normandie, passé aux mains des Plantagenêts avant que Philippe Auguste n'en prenne le contrôle en 1204. Les camps français et anglais s'opposèrent à nouveau lors de la guerre de Cent Ans,

Veüe de l'Abbaye Sᵗ TAVRIN
lez Eureux; de Lordre de Sᵗ Benoist
de la congregation de Sᵗ Maur; dessiné du
coste des prez, sur le chemin de conches 1702.

L'ancienne abbaye Saint-Taurin portait le nom du premier évêque d'Évreux.

marquée en Normandie par le procès de Jeanne d'Arc au château de Rouen et la victoire des troupes de Bertrand du Guesclin à Cocherel, près d'Évreux, en 1364. Nettement plus décisive, la bataille de Formigny – suivie par le siège de Caen – met fin, près de Bayeux en 1450, aux prétentions anglaises sur la Normandie. En 1468, la province est définitivement rattachée au domaine royal, le duché de Normandie subsistant malgré tout dans les îles Anglo-Normandes.

Pendant les guerres de Religion, Henri IV est victorieux lors des batailles d'Arques (1589) et d'Ivry (1590). En 1639, son fils Louis XIII a déclenché la révolte des va-nu-pieds en voulant faire appliquer la gabelle dans le Cotentin.

La cathédrale de Bayeux entourée de motifs de la Tapisserie de la reine Mathilde.

La fin du XVIIe siècle est marquée par de nouveaux affrontements avec la flotte anglaise dans le contexte de la guerre de la ligue d'Augsbourg (bataille de la Hougue, bombardement de Dieppe…).

Pendant la Révolution, la création des départements divise la Normandie en cinq territoires qui épousent ses frontières historiques, à l'exception de l'Orne, qui inclut une partie de l'ancienne province du Perche.

L'exode rural s'amorce au XIXᵉ siècle alors que la révolution industrielle se manifeste par le développement du secteur textile et l'exploitation de petits gisements en Basse-Normandie (charbon à Litry près de Bayeux, fer à Saint-Rémy-sur-Orne et autour de Flers). L'essor du chemin de fer facilite le transport des matières premières et des produits manufacturés, mais il permet aussi d'attirer la bourgeoisie parisienne sur les côtes normandes, où des stations balnéaires voient le jour dans le sillage de Dieppe. Haut lieu de la Seconde Guerre mondiale, la Normandie est choisie pour être le théâtre d'un débarquement au début du mois de juin 1944, dans le cadre de l'opération Neptune, première phase de l'opération Overlord qui englobe l'ensemble de la bataille de Normandie. Cette dernière s'achève après la fermeture de la poche de Falaise, à la fin du mois d'août 1944, laissant les villes normandes défigurées par les bombardements.

Un temps divisée en deux régions, la Normandie ne forme plus qu'une seule entité administrative depuis le 1ᵉʳ janvier 2016, ce qui n'a pas manqué de relancer la rivalité entre les villes de Rouen et Caen.

Près de Rouen, la colonne Napoléon de Val-de-la-Haye ne commémore pas une bataille ou un débarquement de l'empereur. Transportant les cendres de Napoléon depuis Sainte-Hélène, la *Belle Poule* a accosté à Cherbourg en 1840, avant que le bateau à vapeur *Normandie* ne remonte jusqu'à Val-de-la-Haye, laissant la plus petite *Dorade III* voguer vers Paris.

La première a hérité du statut de chef-lieu avec le siège de la préfecture régionale, tandis que la seconde abrite le siège du conseil régional, dans les murs de l'abbaye aux Dames. Ces dernières années, la Normandie s'est enfin illustrée avec l'instauration de nombreuses communes nouvelles, nées de la fusion d'anciennes communes qui gardent le statut de communes déléguées – et dont les noms continuent donc d'apparaître sur les cartes de cet ouvrage.

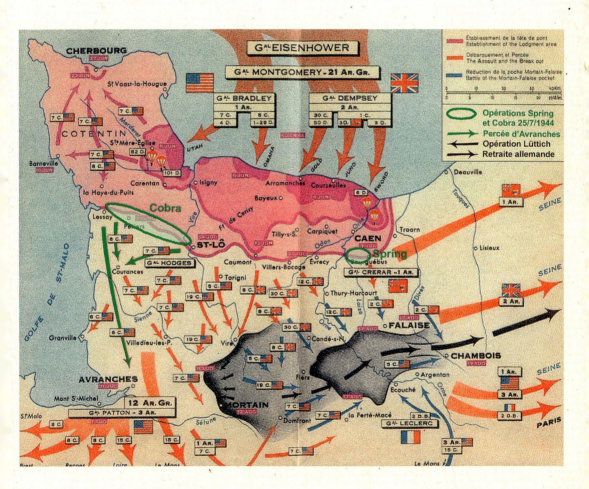

LA MANCHE (50)

Population : 499 958 hab. **Superficie :** 5 938 km² **Chef-lieu :** Saint-Lô (19 426 hab.)
Sous-préfectures : Cherbourg-en-Cotentin (80 959 hab.), Coutances (8 789 hab.) et Avranches (7 813 hab.)
Autre ville importante : Granville (13 350 hab.)

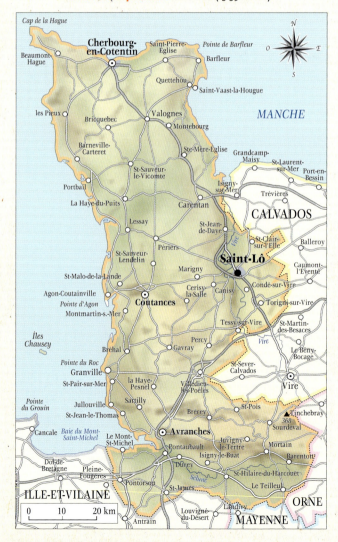

Le département de la Manche réunit l'Avranchin (le pays d'Avranches) au sud et le Cotentin (le pays de Coutances), qui forme une péninsule dans sa partie septentrionale. La mer qui lui a donné son nom, et qui doit le sien à sa forme étroite, est un point de passage entre les ports d'Europe du Nord et le reste du monde, position qui en fait le bras de mer le plus fréquenté de la planète. Entre les côtes occidentales du Cotentin et les îles Anglo-Normandes, les navires évitent pour la plupart le passage de la Déroute, qui s'étend de la baie du mont Saint-Michel au raz Blanchard, connu pour ses puissants courants qui sévissent près du cap de la Hague. L'intérieur des terres est peu boisé ; la Manche est le département de France possédant le plus faible taux de couvert forestier (4,4 %). Dans le sud-est, les collines des environs de Mortain rappellent que le territoire s'inclut dans un ancien massif montagneux, le Massif armoricain. On y trouve le point culminant du département sur la commune de Chaulieu, à 368 m, dans le bourg de Saint-Martin.

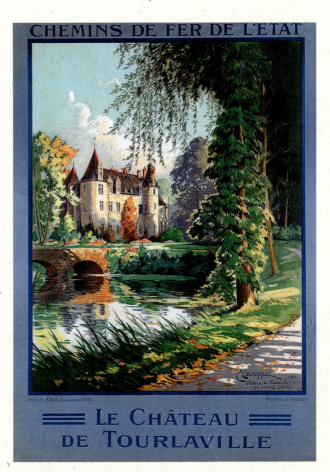

CHEMINS DE FER DE L'ETAT

LE CHÂTEAU
DE TOURLAVILLE

Cherbourg et ses environs

La guerre de Sécession au large de Cherbourg !

De 1861 à 1865, les États-Unis ont vu s'opposer les États de l'Union aux États confédérés du Sud, défavorables à l'abolition de l'esclavage. Gettysburg et Appomattox sont des théâtres meurtriers bien connus de la guerre de Sécession, mais l'on sait moins qu'un combat naval s'est déroulé au large du Cotentin. Le cimetière des Aiguillons à Cherbourg en témoigne, avec un monument qui rend hommage à des victimes de cette guerre civile, des marins américains ayant perdu la vie le 19 juin 1864. Ce jour-là, un combat naval a opposé devant Cherbourg la corvette nordiste *USS Kearsarge* et le

Le Kearsarge et l'Alabama, par Édouard Manet.
(Philadelphia Museum of Art)

croiseur sudiste *CSS Alabama*. Pourtant mieux armé, ce dernier fut coulé et son épave, repérée en 1984, repose toujours au large de Cherbourg.

La plus grande rade artificielle au monde

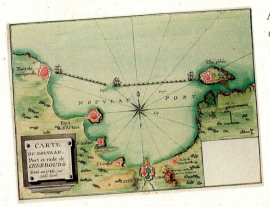

Avec ses mille cinq cents hectares, la rade de Cherbourg est souvent décrite comme la plus grande rade artificielle du monde – ce qui n'est plus vrai si l'on considère le port artificiel de Ras Laffan (Qatar) comme tel. Louis XVI fut à l'origine du premier projet d'aménagement d'une digue au large du port de Cherbourg, un chantier qui attira le roi pour ce qui a constitué son unique déplacement en province, hormis son fameux périple à Varennes. Seule une partie des nombreux cônes en bois de vingt mètres de haut qui devaient être remplis de pierre avait été coulée quand débuta la Révolution, et Napoléon Ier dut reprendre des travaux qui ne s'achevèrent que sous le règne de son neveu Napoléon III. Comble de l'histoire, ce dernier accueillit la reine Victoria en 1858 près de cet ensemble remarquable de digues ponctué de forts, qui s'étire sur six kilomètres entre la pointe de Querqueville et l'île Pelée, alors que le dessein initial était de donner un abri à la marine française pour faire face à l'ennemi anglais.

Rade : baie présentant une étroite ouverture vers la mer
(ou plusieurs comme à Cherbourg avec la passe de l'Ouest et la passe de l'Est).

Départ d'une caisse conique en présence de Louis XVI le 23 juin 1786.

⚜ LES MIROIRS DE LA CÉLÈBRE GALERIE ⚜

Récemment incluse dans la nouvelle collectivité de Cherbourg-en-Cotentin, La Glacerie a constitué une commune pendant à peine plus d'un siècle.

En 1901, Tourlaville avait en effet cédé une partie de son territoire pour donner naissance à cette commune, dont il est aisé de retrouver l'origine du nom.

La gare transatlantique de Cherbourg abrite désormais la Cité de la mer.

En 1665, une manufacture de miroirs s'est installée près de l'actuel village de la Verrerie, au cœur de la forêt de Brix, où des verriers profitaient déjà de son bois à profusion. Le site a fourni l'Observatoire de Paris, mais aussi le château de Versailles pour la galerie des Glaces. Intégrée dans la compagnie Saint-Gobain, l'entreprise a œuvré jusqu'en 1830.

Les missiles de Brécourt

En 1940, les Allemands ont fait du fort du Roule, qui domine la ville de Cherbourg, un site stratégique du mur de l'Atlantique. Sur une colline voisine, un parc à combustible de la marine a lui aussi attiré leur attention. Leur projet était d'y faire lancer leurs missiles V2, en direction de l'Angleterre. La rampe de lancement toujours visible n'a finalement jamais été achevée, mais ce site de Brécourt a tout de même servi pour le lancement de missiles V1, palliant l'abandon du site de Couville dans la campagne cherbourgeoise.

Le Titanic fit escale à Cherbourg le 10 avril 1912, quelques jours avant son retentissant naufrage.

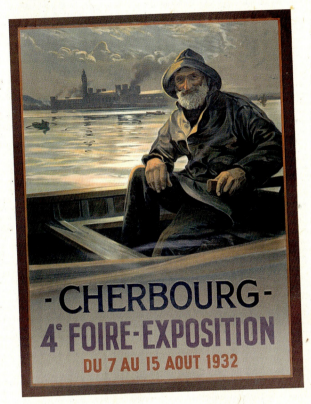

- CHERBOURG -
4e FOIRE-EXPOSITION
DU 7 AU 15 AOUT 1932

OPÉRATION PLUTO

Au début de l'été 1944, Cherbourg est devenu le port le plus actif de la Seconde Guerre mondiale, malgré les dégâts volontaires causés par les Allemands juste avant leur départ – ils avaient imité les Français qui, quatre ans plus tôt, avaient détruit délibérément les sous-marins en construction dans l'arsenal. Plus efficace que les ports artificiels du Calvados, le port de Cherbourg a permis de ravitailler le nouveau front en hommes, mais aussi en matériel et plus particulièrement en carburant, grâce à un aménagement aussi audacieux que secret, réalisé dans le cadre de l'opération PLUTO, pour *pipe-line under the ocean*. Il s'agit d'un ensemble d'oléoducs – moins vulnérables que les pétroliers –, déployé sur près de cent trente kilomètres entre l'île anglaise de Wight et Querqueville.

Le Redoutable, *premier sous-marin nucléaire français, a été construit à Cherbourg – tout comme ses cinq « petits frères » – à partir de 1964 et lancé en 1967 en présence de Charles de Gaulle ; il est possible de le visiter à la Cité de la Mer, le musée qui occupe l'ancienne gare transatlantique.*

PREMIER JOUR
D'ÉMISSION
FIRST DAY COVER

Éditions J. F.

MUSÉE DE LA MARINE
25 OCTOBRE 1969
PARIS

FIRST DAY COVER
FDC

" LE REDOUTABLE "
Sous-marin français à propulsion nucléaire

⟫ LE CHOIX DU NUCLÉAIRE ⟪

Des dunes de Biville aux champs clos de murets de pierre sèche, en passant par les falaises de la baie d'Écalgrain, la presqu'île de la Hague abrite sans doute les plus beaux paysages du Cotentin. C'est pourtant au milieu de ce cadre idyllique que trône une usine de retraitement de combustible nucléaire mise en service en 1966 et un centre de stockage de déchets radioactifs. Situé dans une zone excentrée à la densité de population relativement faible, le site de la Hague a surtout été choisi pour son substrat géologique, un socle ancien peu propice aux séismes, de surcroît bordé par une mer dont les forts courants marins, adjoints à des vents souvent puissants, sont à même de disperser des rejets accidentels. Plus au sud, le site de Flamanville bénéficie également de ces conditions. La centrale de Flamanville s'est développée sur le site d'une ancienne mine de fer au pied de falaises granitiques, où le chantier compliqué de l'EPR a nécessité la plus grande grue au monde pour coiffer ce réacteur de troisième génération de son dôme de deux cent soixante tonnes. Surnommée *Big Benny*, cette grue qui avait déjà œuvré aux États-Unis et en Chine était arrivée en kit au port de Cherbourg avant d'être remontée à Flamanville, pour dominer la mer de plus de deux cents mètres.

Querelle de nochers

Port Racine dans l'anse Saint-Martin.

À l'heure où Singapour, Shanghai ou Rotterdam se disputent le titre de plus grand port au monde, plusieurs ports du Cotentin sont en concurrence pour être le plus petit de l'Hexagone. Non loin du cap de la Hague, le port Racine, qui porte le nom d'un corsaire du début du XIXe siècle qui en fit son repaire, est souvent présenté comme tel, guère plus d'une dizaine de bateaux ne pouvant venir s'y amarrer. Mais ce serait ignorer la superficie moindre du port Pignot, mouillage situé près du cap Lévi, à l'est de Cherbourg, et celle du petit port de l'île de Tatihou, reliée au continent par un bateau amphibie, qui roule sur l'estran à marée basse. Tout dépend aussi, bien évidemment, de la définition que l'on accorde au mot « port » : pour certains, le port Pignot ne serait qu'un abri, tandis que Tatihou ne serait qu'un débarcadère.

Estran : partie du littoral alternativement couverte et découverte par la mer.

LES PLUS ANCIENNES ROCHES DE FRANCE

La géologie de la presqu'île de la Hague recèle des roches bleutées dont l'intérêt n'éveillera que les promeneurs avertis. Ces gneiss dits icartiens – que l'on retrouve également près de Perros-Guirec (Côtes-d'Armor) – ne sont rien de moins que les plus anciennes roches de France. Âgées de deux milliards d'années, soit près de la moitié de l'âge de la Terre, ces roches métamorphiques sont observables dans l'anse du Cul rond – ou de Culeron – au nord du Nez de Jobourg.

Près des roches les plus anciennes de France, les falaises du Nez de Jobourg ont été creusées par le ressac des vagues qui lui ont donné des « narines », telle la grotte de l'Église, qu'une légende fait communiquer avec l'église du village de Jobourg.

Roches métamorphiques :
type de roches transformées
en profondeur sous l'action de la pression
et de la température.

❧ VOL AU-DESSUS D'UN VIEUX COUCOU… ❧

Au cœur du Clos du Cotentin et au pied du mont homonyme, la commune de Doville abrite le marais de la Sangsurière, dont le nom évoque la présence de ces annélides connus pour leur usage médical. Cette zone humide où la végétation prolifère est une tourbière et se caractérise donc par la formation de tourbe, un sol riche en matière organique issue de végétaux morts.

Ce milieu caractéristique est propice à l'observation d'une faune et d'une flore particulières ; l'agrion de Mercure, une libellule, y vole au-dessus de la narthécie brise-os ou des droséras carnivores…, mais également au-dessus de vestiges plus inattendus. Pendant la Seconde Guerre mondiale, un avion allemand fut abattu avant de se retrouver enseveli dans la tourbe avec son équipage.

Lindbergh-Plage

Situé sur la commune de Saint-Lô-d'Ourville, le hameau de Lindbergh-Plage doit son nom au célèbre aviateur américain qui y aurait survolé – le conditionnel s'impose – les premières côtes de l'Europe continentale, lors de sa traversée en solitaire de l'océan Atlantique, réalisée en mai 1927, à bord du *Spirit of St. Louis*. Lindbergh-Plage était au départ le nom d'un projet touristique d'envergure, où un imposant monument devait rendre hommage à l'aviateur et pour lequel le havre de Portbail devait accueillir yachts et hydravions. Le projet n'aboutit finalement pas, mais le nom est resté pour ne désigner qu'un plus modeste lotissement de bord de mer. On retrouve encore l'Américain dans le nom de l'aérodrome de Lessay, où il s'est posé le 4 juin 1927 avant de repartir pour les États-Unis. À Pirou-Plage près de Coutances, un autre projet immobilier avorté était devenu une curiosité, où les adeptes du street art avaient donné une certaine âme à tout un quartier qui ne fut jamais habité et finalement rasé il y a peu.

Valognes, le Versailles normand

Le surnom de « Versailles normand » souvent donné à la ville de Valognes peut surprendre. La cité normande conserve les ruines des thermes romains d'*Alauna*, mais pas le moindre château pouvant raisonnablement être comparé au palais de Louis XIV. Toutefois, les nombreux hôtels particuliers du XVIIe siècle témoignent du faste de l'aristocratie locale et d'un certain âge d'or culturel. Parmi ces résidences, l'hôtel de Grandval-Caligny fut habité par l'auteur normand Jules Barbey d'Aurevilly, dans la seconde moitié du XIXe siècle.

❧ LES MALHEURS DE BARFLEUR ☙

Les dimensions actuelles du charmant village de Barfleur ne laissent pas forcément présager que ce port était au Moyen Âge l'un des plus grands de Normandie et peut-être même le plus actif à certaines périodes. Les eaux proches de cette petite cité au nom d'origine viking ont été le théâtre d'une terrible défaite de la marine française en 1692. En pleine guerre de la ligue d'Augsbourg – un conflit qui a uni de nombreux États européens contre Louis XIV –, la bataille de la Hougue disputée contre les flottes anglaises et néerlandaises s'est soldée par la perte de quinze navires français. Près de six siècles plus tôt, c'est l'Angleterre qui avait connu une mésaventure près de Barfleur, avec le naufrage de la *Blanche-Nef* survenue le 25 novembre 1120. À bord de ce navire disparurent de nombreux nobles et surtout Guillaume Adelin, seul fils légitime et

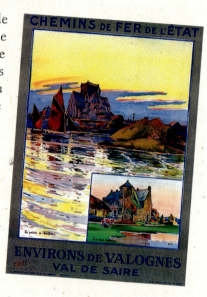

successeur désigné du roi Henri Ier Beauclerc. La mort de ce petit-fils de Guillaume le Conquérant a troublé les relations franco-anglaises pour plusieurs siècles.

En 1692, la bataille de La Hougue a confirmé la suprématie navale anglaise.

LE DEUXIÈME PLUS HAUT PHARE DE FRANCE

Si l'on raconte que le marin qui tenait la barre de la *Blanche-Nef* était ivre au point de ne pouvoir éviter à son navire les récifs de Quillebeuf, pourtant proches de la côte, les forts courants du raz de Barfleur ne sont probablement pas pour rien dans ce naufrage, loin d'être unique dans ce passage au nord-ouest du Cotentin. Barfleur s'est ainsi doté très tôt d'une station de sauvetage, dès 1865. L'un des canots qu'elle a abrité au siècle dernier portait le nom de deux sauveteurs ayant péri en mer, Louis Crestey et le mal nommé Auguste Sauvé. Cette zone maritime si dangereuse méritait donc la construction d'un phare titanesque, le phare de Gatteville dont les onze mille pierres de taille en granit s'élèvent à soixante-quinze mètres, une hauteur qui faisait de lui en 1835, quand il fut allumé pour la première fois, le plus haut phare de France. Il n'a été dépassé depuis que par le phare finistérien de l'île Vierge.

⚔ LA SIGNATURE DE VAUBAN ⚔

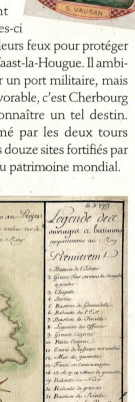

Célèbre ingénieur et architecte militaire de Louis XIV, Vauban ne pouvait pas se désintéresser de la côte du Cotentin, surtout après la désastreuse bataille de la Hougue en 1692.

C'est à lui que l'on doit les deux tours tronconiques qui se dressent sur l'île de Tatihou et sur la presqu'île de la Hougue. Communiquant par signaux, celles-ci devaient croiser leurs feux pour protéger le port de Saint-Vaast-la-Hougue. Il ambitionnait d'y créer un port militaire, mais malgré un site favorable, c'est Cherbourg qui finira par connaître un tel destin. L'ensemble formé par les deux tours constitue l'un des douze sites fortifiés par Vauban classés au patrimoine mondial.

Le fort de l'île Tatihou.

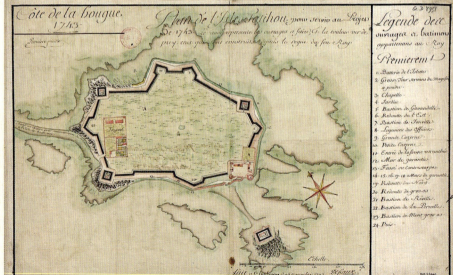

Les îles interdites

Les îles les plus orientales de la Manche sont pour le moins méconnues. Portant le nom d'un moine du VIe siècle qui est aussi celui de la commune à laquelle elles sont rattachées, les îles Saint-Marcouf sont inhabitées et leur accès est interdit au public. Propriété de l'État, cet archipel ne compte que deux îles : l'île de Terre, qui forme une réserve ornithologique, et l'île du Large fortifiée sous Napoléon Ier après avoir abrité des corsaires anglais que l'on avait tenté de chasser à l'aide du *Nautilus*, le premier sous-marin de guerre français de l'ingénieur américain Robert Fulton. Le fort de l'île du Large, actuellement en restauration et principalement constitué d'une partie circulaire de plus de cinquante mètres de diamètre, a servi de prison avant d'être délaissé et en partie détruit sous l'Occupation. Le 6 juin 1944, une centaine d'Américains y débarquèrent, sans y croiser d'Allemands. Ces derniers avaient tout de même déposé des mines ayant causé la mort de certains de ces soldats alliés qui firent de Saint-Marcouf le premier territoire normand libéré.

VUE NORD-OUEST DE L'ISLE DU LARGE St MARCOUF

Une adresse facile à retenir

Né à Paris en 1805, Alexis de Tocqueville est décédé à Cannes en 1859, après avoir passé les dernières années de sa vie dans une propriété familiale située au cœur du Val de Saire. Ce philosophe connu pour ses analyses de la Révolution française et de l'évolution des démocraties occidentales y avait une adresse des plus simples à retenir :

Alexis de Tocqueville
Château de Tocqueville
Tocqueville

LA VOIE DE LA LIBERTÉ

Entre la Normandie et la ville belge de Bastogne, des bornes arborant une flamme rouge sortant des flots se succèdent sur plus de mille cent kilomètres. Ces dernières matérialisent la Voie de la Liberté qui commémore l'avancée des troupes américaines lors de la Libération. L'itinéraire reprend celui effectué par la 3e armée américaine du général Patton, qui a libéré Avranches, Rennes et Angers, avant de prendre la direction du nord-est de la France. Deux bornes marquent le début de cette route historique : la borne o à Sainte-Mère-Église et la borne oo non loin de là, près du musée consacré au débarquement à Utah Beach.

La mésaventure de John Steele

Bien que le nom de John Steele ne soit pas des plus célèbres, nombreux sont ceux qui connaissent sa mésaventure survenue le 6 juin 1944 et popularisée par le film *Le Jour le plus long*. John Steele n'est autre que le parachutiste qui resta pendant plusieurs heures accroché au clocher de Sainte-Mère-Église, édifice sur lequel un mannequin rappelle l'épisode. Finalement capturé, l'Américain parvint à s'évader et put ainsi participer plus longuement à la Libération.

AUX DEUX PASSAGES-NOUVEAUTÉS-LYON

PHOQUE

Près de Carentan, la baie des Veys est un estuaire commun à quatre fleuves côtiers où les phoques sont régulièrement observés.

❧ UN CURIEUX MONUMENT (PAS SI) HISTORIQUE ❧

À quelques kilomètres d'Utah Beach, la commune d'Écausseville abrite un curieux bâtiment militaire. Celui-ci ne date cependant pas de la Seconde Guerre mondiale, cet édifice de fer et de béton, long de cent cinquante mètres et haut d'une trentaine de mètres, ayant été construit entre 1917 et 1919. La taille considérable de ce hangar s'explique par le fait qu'il devait abriter des dirigeables, ces aéronefs légers mis au point à la fin du siècle précédent et rapidement devenus obsolètes avec les progrès de l'aviation. Le hangar d'Écausseville n'abrita des dirigeables qu'en 1922 et après avoir eu diverses fonctions militaires, il a été désaffecté dans les années 1990, avant d'être inscrit au titre des Monuments historiques. S'il n'a jamais eu un rôle véritablement important, sa silhouette impressionnante continue de surprendre dans le paysage normand.

De Saint-Lô à Coutances

Saint-Lô, « capitale des ruines »

Si l'été 1944 a été synonyme de libération, c'est au prix de lourdes pertes et de dégâts matériels sans précédents pour les villes normandes, et plus particulièrement pour Saint-Lô. Tandis que des soldats américains faisaient face à leurs homologues allemands au cœur du bocage normand dans ce qui fut appelé la bataille des Haies, d'autres tentaient de prendre la ville.

ARMOIRIES
DE
SAINT-LÔ

Bombardée juste après le débarquement, elle est restée plusieurs jours sous le feu de l'artillerie allemande pendant le mois de juillet. Popularisée par l'auteur irlandais Samuel Beckett, l'expression « capitale des ruines » ne tarda pas à être reprise pour désigner cette ville détruite à près de 95 %.

Coutances, capitale historique du Cotentin

Si la ville de Coutances a été audacieusement surnommée la « Tolède du Cotentin », son aqueduc et sa cathédrale auraient tout aussi bien pu la rapprocher de deux autres cités ibériques, Ségovie dont le pont-aqueduc est classé au patrimoine mondial et Burgos dont la cathédrale a également attiré le regard protecteur de l'Unesco. Il ne reste plus que les ruines de trois des seize arches de l'aqueduc de Coutances, qui a été fonctionnel du XIIIᵉ au

XVIIᵉ siècle, mais la cathédrale Notre-Dame constitue toujours un fier témoignage de l'art gothique normand avec sa tour-lanterne. Cet édifice incontournable, haut de soixante-dix-sept mètres, illustre l'importance historique de la ville, qui a abrité le siège de l'un des évêchés normands historiques et qui partage encore de nos jours ce statut avec Avranches. La ville, qui abrite aussi la cour d'assises de la Manche, fut même un temps la préfecture provisoire du département, quand la ville de Saint-Lô s'est retrouvée quasi intégralement détruite en 1944. Reste un titre que l'on ne pourra pas ôter à Coutances, celui d'avoir donné son nom au Cotentin.

LA CÔTE DES HAVRES

La côte occidentale du Cotentin présente une succession de paysages assez semblables : les havres. Au nombre de huit entre Carteret et Granville, ces échancrures du littoral sont autant d'estuaires où de modestes fleuves côtiers se fraient un chemin au cœur des dunes, formant des vasières bordées de prés salés.

L'étonnante silhouette du donjon de Regnéville.

Les deux plus vastes d'entre eux, ceux de Saint-Germain-sur-Ay et de Regnéville, sont en partie barrés par une flèche, une pointe sableuse que les courants côtiers font s'étendre toujours plus vers le sud. Regnéville y fut un port d'échouage, escale entre la Guyenne et l'Angleterre au Moyen Âge. Au XIXᵉ siècle, des bateaux chargés de chaux y prenaient la mer en direction des côtes du nord de la Bretagne, région où le calcaire se fait rare. Les imposants fours à chaux du Rey témoignent de l'importance de cette production.

Bénéficiant d'une appellation d'origine contrôlée depuis 1960, la carotte de Créances a la particularité d'être cultivée dans les terres sableuses du littoral manchois.

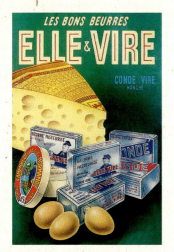

Fondée en 1945, l'entreprise Elle & Vire réunit dans son nom le fleuve côtier qui passe à Condé-sur-Vire, où elle est basée, et l'Elle, l'un de ses affluents.

❧ LES PROBLÈMES DE TRANSIT DE GUILLAUME LE GENTIL ❧

Né à Coutances en 1725, l'astronome Guillaume Le Gentil est davantage connu pour ses mésaventures que pour ses découvertes. En 1761, il fait partie de la centaine d'astronomes internationaux chargés d'étudier le transit de Vénus, le passage de la planète devant le soleil qui permettra d'évaluer la distance Terre-Soleil. Notre Normand est envoyé vers les Indes, plus précisément à Pondichéry, mais quand son bateau s'approche de cette possession française, les tensions avec les Anglais sont telles que la frégate fait demi-tour, prenant la direction de l'île de France (actuelle île Maurice). Quand le phénomène se produit, il est encore à bord et ne peut réaliser que des mesures imprécises. Sachant que le transit se reproduira huit ans plus tard, Le Gentil décide de rester dans l'océan Indien en attendant de revenir à Pondichéry pour le transit de 1769. Après avoir pu bâtir un observatoire, il ne parvient pas à réaliser ses mesures à cause d'une météo brumeuse. Dépité, et comme il eût fallu attendre un siècle avant le prochain transit, il se résout à rentrer en France. Malade et victime d'un naufrage qui l'entraîne sur l'île Bourbon (actuelle île de La Réunion), il retrouve finalement la France, onze ans après son départ. Ses ennuis sont loin d'être terminés, puisqu'il apprend que sa femme s'est remariée et que son poste à l'Académie royale a été remplacé. Aucune de ses lettres n'était arrivée à destination, et il était considéré comme mort…

Natif de Saint-Lô, l'astronome Urbain Le Verrier (1811-1877) eut plus de réussite que Guillaume Le Gentil. Il passa à la postérité pour ses travaux dans le domaine de la météorologie et pour avoir découvert l'existence de la planète Neptune, grâce à des calculs, sans même l'avoir observée.

L'Avranchin

Les plus grandes marées d'Europe

La baie du mont Saint-Michel connaît un ensablement naturel très ancien, qui a cependant été accéléré au siècle dernier par la construction de digues et de barrages. Des travaux qui se sont achevés en 2015 ont eu pour but de lui redonner son caractère insulaire, au moins pendant les plus grandes marées. La commune du Mont-Saint-Michel n'est toutefois pas totalement insulaire, puisque son territoire comprend également des polders sur la rive gauche du Couesnon. Entre ces terres gagnées sur la mer et le mont, s'étirent les herbus, encore appelés prés salés ou schorres, autant de noms désignant des étendues qui ne sont recouvertes que lors des marées à fort coefficient, et, contrairement à ce que dit le dicton, celles-ci ne remontent pas à la vitesse d'un cheval au galop. La grande amplitude de ces marées, sans équivalent à l'échelle européenne, est due à la configuration topographique de la baie et surtout à sa faible déclivité. Outre le Couesnon, la baie est l'exutoire de deux autres fleuves côtiers, la Sée et la Sélune, dont les estuaires sont remontés en période de grande marée par le mascaret, une vague formée par la rencontre entre le flux descendant du fleuve et le courant montant de la mer.

La relative folie du Couesnon

Un dicton bien connu dit que « le Couesnon dans sa folie a mis le mont en Normandie ». Ce fleuve côtier long d'une centaine de kilomètres achève son cours au pied du mont Saint-Michel en le contournant par l'ouest, le plaçant ainsi en Normandie pourrait-on dire. Cependant, la limite entre les deux régions est située plus à l'ouest, là où le fleuve s'écoulait autrefois. Si le Couesnon a bel et bien eu un cours changeant durant ces derniers siècles, il ne semble jamais avoir contredit la « normandité » du mont.

Saint Aubert et saint Michel

Sur un promontoire qui domine la baie du mont Saint-Michel, la basilique d'Avranches abrite un somptueux reliquaire qui conserve un crâne présenté comme étant celui de saint Aubert. Le chef de cet ancien évêque avranchinais était auparavant gardé dans l'ancienne cathédrale de la ville, qui s'est effondrée à la fin du XVIIIe siècle et dont il ne reste pour ainsi dire rien aujourd'hui. Saint Aubert n'est autre que celui qui a fondé, au VIIIe siècle, la première abbaye sur le mont Tombe, qui fut

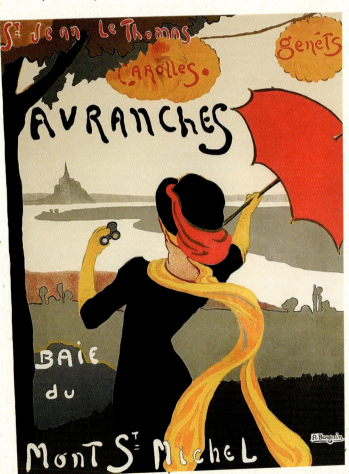

dès lors connu comme le « mont Saint-Michel-au-péril-de-la-Mer ». Son crâne a la particularité de présenter un orifice que les pèlerins voyaient comme la trace laissée par le doigt ou la lance de saint Michel, l'archange qui lui aurait ordonné la construction de l'abbaye – de récentes études de la relique ont néanmoins montré que le trou ne serait que le résultat d'un kyste. Depuis cent vingt ans, la statue en or de saint Michel domine la Merveille à cent cinquante-six mètres au-dessus de la mer, faisant office de paratonnerre à l'endroit où se trouvaient autrefois les antennes d'un télégraphe.

La « Bastille des mers »

Par son isolement, le mont Saint-Michel a constitué une prison naturelle idéale. Perpétuant une tradition amorcée au Moyen Âge, les rois de l'Ancien Régime y envoyaient par lettres de cachet nombre d'indésirables, bientôt remplacés pendant la Révolution par des prêtres réfractaires et autres chouans. Au XIXᵉ siècle, le mont s'est spécialisé dans la détention d'opposants politiques, tels le « Bayard de la démocratie », Armand Barbes, ou « l'Enfermé », Louis-Auguste Blanqui. Les bâtiments de l'abbaye ne furent pas seulement reconvertis en cellules, mais aussi en ateliers où des prisonniers soumis aux travaux forcés filaient notamment le coton. En 1863, Napoléon III mit fin à la fonction carcérale du Mont-Saint-Michel, à une période où son intérêt patrimonial était défendu par Victor Hugo, l'un des plus farouches opposants à l'empereur.

❧ LE RETOUR DES PÈLERINS À TOMBELAINE ❦

Dans l'ombre du mont Saint-Michel, l'îlot rocheux de Tombelaine ne semble pas avoir eu le même destin que son illustre voisin. Pourtant, il suscita lui aussi l'intérêt de quelques moines, qui se sont installés au XIIᵉ siècle sur ce mont, devenu lieu de pèlerinage. Il fut lui aussi fortifié par les Anglais durant la guerre de Cent Ans, avant que ses remparts ne soient détruits au XVIIᵉ siècle. Alors qu'un projet visait à en faire une sorte de complexe touristique au début du siècle dernier, il fut finalement décidé d'en faire un espace naturel préservé, ce qui a attiré de nouveaux pèlerins : des faucons pèlerins figurent parmi les espèces d'oiseaux qui profitent de la relative tranquillité de Tombelaine…

Un projet d'aménagement de Tombelaine tombé à l'eau.

GRANVILLE, LA « MONACO DU NORD »

Perché sur son rocher, le cœur historique de Granville présente quelques similitudes avec une célèbre principauté méditerranéenne, suffisamment en tout cas pour avoir été surnommée la « Monaco du Nord », ce que ne devait pas ignorer le prince Albert II – qui possède parmi ses nombreux titres celui de comte de Torigni – lors de ces récentes venues à Granville.

Les remparts de la ville haute de cette ancienne cité corsaire, accessible via le pont-levis de la Grande Porte, ne sont pas les seules fortifications bâties sur le territoire communal de Granville. Ce dernier comprend en effet l'archipel de Chausey, dont la plupart des îles sont invisibles à marée haute. L'île principale (la Grande Île) abrite un fort du XIXe siècle, mais aussi le château Renault qui doit son nom à celui qui s'est efforcé de le restaurer et qui n'est autre que l'industriel Louis Renault.

Né en 1905 à Granville dans une famille d'industriels, Christian Dior a grandi dans la villa les Rhumbs, qui est aujourd'hui un musée consacré au célèbre couturier.

Les cluses et les cascades du Mortainais

CHEMINS DE FER DE L'ÉTAT

EXCURSIONS EN NORMANDIE

La bourgade de Mortain s'étire sur le flanc de l'une des nombreuses collines qui rappellent que le département de la Manche occupe une partie du massif Armoricain, une ancienne chaîne de montagnes aujourd'hui largement érodée. Au creux d'un vallon encaissé, la Cance et son affluent le Cançon s'écoulent au pied de cette cité, dans un paysage escarpé ponctué par deux cascades. Si la Petite Cascade est en fait une succession de petits sauts au cœur d'un amphithéâtre rocheux, la Grande Cascade haute de vingt-cinq mètres n'est pas sans rappeler des paysages véritablement montagneux. En creusant leur lit perpendiculairement à une ligne de crête gréseuse, ces cours d'eau ont formé des cluses, tout comme la Sonce qui a donné naissance à la fosse Arthour, plus à l'est. À la limite entre la Manche et l'Orne, ce site remarquable tire son nom d'une légende évoquant le repos du roi Arthur.

Villedieu-les-Cloches

Les Théopolitains et les Théopolitaines sont les habitants de Villedieu-les-Poêles, ce qui ne surprendra pas ceux qui ont quelques notions de grec. Un autre gentilé est cependant plus connu : les Sourdins. Ce dernier fait référence au bruit du martelage des poêles et autres objets en cuivre ou en laiton qui aurait fini par les rendre sourds. La présence de cette activité appelée dinanderie – en référence à la ville belge de Dinant – est avérée depuis le Moyen Âge dans la cité normande. Celle-ci s'est aussi faite de la dentellerie une spécialité, et elle conserve également l'une des dernières fonderies de cloches de France. En 2013, huit cloches sourdines ont quitté le bocage normand, pour rejoindre Paris et la cathédrale Notre-Dame.

44 Ducey (Manche) — L'Eglise

Gentilé : nom désignant les habitants d'un pays, d'une région ou d'une commune.

Le clocher de l'église de Ducey a la particularité de n'être relié que par une passerelle au reste de l'édifice.

LE CALVADOS (14)

Population : 691 670 hab. **Superficie :** 5 548 km²
Chef-lieu : Caen (106 538 hab., plus de 200 000 dans l'agglomération)
Sous-préfectures : Lisieux (20 881 hab.), Vire-Normandie (17 839 hab., 11 470 pour la commune déléguée de Vire) et Bayeux (13 917 hab.) **Autres villes importantes :** Ouistreham (9 253 hab.), Falaise (8 294 hab.), Honfleur (7 440 hab.) et Trouville-sur-Mer (4 708 hab., environ 15 000 dans l'agglomération)

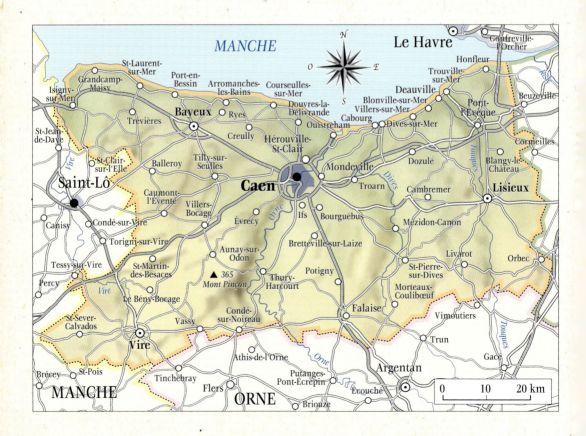

Le département du Calvados ne tire pas son nom du célèbre alcool de pomme mais d'un banc de rochers situé au large des falaises d'Arromanches-les-Bains, dans la région du Bessin (le pays de Bayeux). Au moment de la création des départements en 1790, le nom d'Orne-Inférieure avait été proposé, en référence à la partie basse de la vallée de ce fleuve long de cent soixante-dix kilomètres, dont l'estuaire sépare la Côte de Nacre (à l'ouest) et la Côte Fleurie (à l'est), qui se mue en Côte de Grâce du côté de Honfleur. La campagne de Caen avec ses terres céréalières et le pays d'Auge plus orienté vers l'élevage – ce dernier correspond assez bien à l'image de carte postale de la Normandie avec maisons à colombages, vaches et pommiers – sont des régions naturelles du Bassin parisien qui contrastent avec les reliefs plus accentués du Massif armoricain que l'on retrouve dans le pays Virois et la « Suisse normande ». Le mont Pinçon y est, avec ses 365 mètres, le point culminant du département.

Le Grand Hôtel de Cabourg cher à Marcel Proust.

Bayeux et ses environs

LA DEMOISELLE DE FONTENAILLES

24. - En NORMANDIE — Feue Demoiselle de Fontenailles
Faisait, en 1745, partie de la terre ferme et se trouvait le jour de sa mort (26 avril 1902) à 70 mètres du rivage. La mer gagne donc sur nos côtes de 50 à 60 centimètres par année.

La Demoiselle de Fontenailles est une supercentenaire, disparue en 1902 à Longues-sur-Mer, là où elle était apparue près de cent cinquante ans plus tôt. Elle avait jadis deux sœurs, emportées elles aussi par des flots déchaînés, ainsi qu'une petite fille à Arromanches. Ces demoiselles étaient des piliers rocheux, dont les silhouettes singulières ont été façonnées par l'érosion. De nos jours, trois nouvelles « demoiselles » commencent à présenter leur profil sur le site du Chaos, dont le nom quelque peu prémonitoire fut donné avant les terribles événements de 1944.

❦ LA BANDE DESSINÉE DE LA REINE MATHILDE ❧

La célèbre tapisserie de Bayeux, également connue comme la tapisserie de la reine Mathilde, est en réalité une broderie. Atteignant la longueur impressionnante de soixante-dix mètres, celle-ci constitue une véritable bande dessinée, narrant à sa façon les exploits des

Normands et notamment la conquête de l'Angleterre par Guillaume le Conquérant, l'époux de la reine Mathilde de Flandre. La comète de Halley qui avait croisé le chemin de la Terre en 1066, année de la décisive bataille d'Hastings, apparaît sur cette source historique, qui revêt un caractère propagandiste, Odon de Bayeux, le demi-frère de Guillaume semblant avoir été son commanditaire. Elle a longtemps été conservée dans la cathédrale de Bayeux et est désormais exposée dans l'ancien séminaire de la ville, ce qui n'aurait sans doute pas été le cas sans l'intervention d'un certain Lambert Leforestier qui a eu la bonne idée de la cacher pendant la Révolution.

❂ BAYEUX DO BRASIL ❂

Avec près de cent mille habitants, Bayeux pourrait rivaliser démographiquement avec Caen. Sauf que la ville de Bayeux dont il est question est habitée par les *Baienenses* et non pas par les Bajocasses ou autres Bayeusains. Autrement dit, elle n'est pas normande, mais brésilienne. En 1944, cette cité du nord-est du pays prit ce nom en l'honneur de celle qui est souvent présentée comme la première ville française libérée du joug nazi, une distinction qui est toutefois à nuancer, la Corse ayant été libérée dès 1943.

Walter d'Isigny

Également connu sous le nom de Hugues Suhard, Hugues d'Isigny fut l'un des compagnons d'armes de Guillaume le Conquérant lors de la conquête de l'Angleterre, où ce seigneur normand a fini par s'établir. D'Isigny fut rapidement anglicisé pour devenir Disney, et le célèbre Walt Disney, dont l'arrière-grand-père a émigré depuis l'Irlande, porte donc vraisemblablement un nom issu de la cité normande d'Isigny-sur-Mer, qui a récemment inauguré un jardin Walt Disney, à l'occasion du cinquantenaire de la mort du créateur de Mickey Mouse.

Isigny-sur-Mer est réputée pour son beurre et sa crème, bénéficiant d'une appellation d'origine contrôlée dont l'aire de production est à cheval entre le Calvados et la Manche.

La plage des lavandières

Bien que l'eau de mer ne soit pas connue pour ses bienfaits sur le linge, il n'était pas rare de voir des lavandières à la tâche sur la plage de Port-en-Bessin, au début du siècle dernier. Pour comprendre leur présence inattendue sur cette grève, il faut se rendre à la fosse Soucy, à quelques kilomètres de là. Deux cours d'eau, l'Aure et la Drôme, convergent vers ce site de la commune de Maisons, avant de disparaître (sauf en période de crue) au pied d'un escarpement constitué notamment du mont Cavalier. Si l'Aure réapparaît quelques hectomètres plus à l'ouest en prenant le nom d'Aure inférieure, une partie de ses eaux poursuit son chemin dans le sous-sol calcaire, pour resurgir juste au pied des falaises de Port-en-Bessin – ce qui a été prouvé à plusieurs reprises en déposant des colorants dans l'eau. C'est ainsi que de l'eau douce s'écoule entre les galets, plus précisément au niveau des « drques », une appellation locale bien connue des lavandières d'autrefois. Il s'agit d'une configuration typique des reliefs karstiques, avec des pertes où s'engouffrent les cours d'eau et des résurgences où ils réapparaissent.

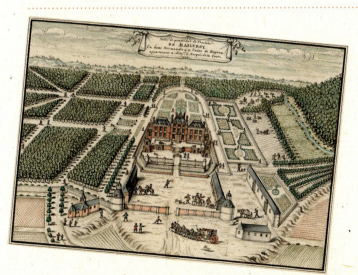

Vue et perspective du château de Balleroy, près de Bayeux, en 1715.

Relief karstique :
relief calcaire marqué par l'action érosive de l'eau.

❧ BLOODY OMAHA ET LES PORTS MULBERRY ❧

Le Calvados compte quatre des cinq plages du débarquement de Normandie, qui devait initialement avoir lieu le 5 juin 1944. À l'ouest, Omaha Beach fut la plus meurtrière, avec 3 000 morts dans les rangs américains, le 6 juin 1944. Les falaises y avantageaient les Allemands qui ne s'étaient cependant pas préparés à un débarquement en Normandie, notamment en raison de diversions de l'opération Fortitude qui ont fait croire à une intervention sur les rivages du Pas-de-Calais. La pointe du Hoc porte d'impressionnants stigmates du D-Day, avec ses nombreux cratères,

et, plus à l'est, la plage d'Arromanches-les-Bains est bien connue pour les vestiges de son port artificiel, que l'érosion fait peu à peu disparaître. Située sur Gold Beach, plage où ont débarqué des troupes britanniques, cette infrastructure d'abord nommée port Mulberry B (avant d'être rebaptisée port Winston) avait un frère jumeau à Saint-Laurent-sur-Mer, Mulberry A, qui ne résista pas à la tempête du 19 juin 1944.

EXPOSITION DU
PORT D'ARROMANCHES
25 JUIN - 22 JUILLET 1945

LE REPOS DES GUERRIERS

Les départements du Calvados et de la Manche se partagent les vingt-sept cimetières militaires où reposent les victimes de la bataille de Normandie dont les familles n'ont pas demandé le rapatriement – à savoir 40 % d'entre eux pour un total de plus de cent quinze mille soldats étrangers. Surplombant Omaha Beach, le cimetière de Colleville-sur-Mer est sans doute le plus célèbre d'entre eux. Il regroupe les sépultures de près de dix mille GI et est parfois présenté comme une terre américaine bénéficiant du statut d'extraterritorialité, alors qu'il ne s'agit que d'une concession perpétuelle faite par la France aux États-Unis – il en va de même pour les autres cimetières militaires, chaque pays concerné étant chargé de gérer leur entretien. Le plus gros contingent n'est pas celui des Américains (un peu moins de 14 000), qui est d'ailleurs inférieur à celui des Britanniques (environ 18 500). Les soldats allemands reposant en Normandie sont de loin les plus nombreux : près de soixante-dix-huit mille répartis en six nécropoles dont la plus importante est celle de La Cambe, près d'Isigny-sur-Mer. Entre Caen et Falaise se trouve encore le cimetière de Cintheaux, l'un des deux cimetières canadiens avec celui de Bény-sur-Mer, mais aussi un cimetière plus inattendu près de Grainville-Langannerie, où l'on dénombre les tombes de près de sept cents Polonais ayant combattu aux côtés des Alliés.

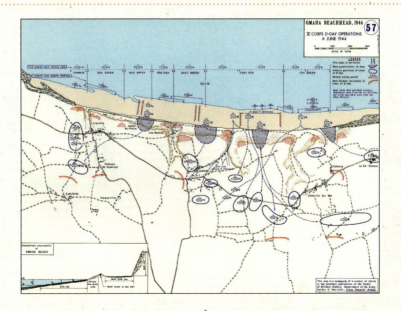

Caen et ses environs

L'Athènes aux cent clochers

Les périphrases désignant une ville en la comparant à une autre font souvent référence à Venise, mais Caen a hérité du surnom d'Athènes normande. Cette appellation nous renvoie à la Renaissance, une période au cours de laquelle la pensée et les canons de la Grèce antique ont été redécouverts et qui fut synonyme pour Caen d'un certain rayonnement intellectuel. En témoignent la renommée du poète François de Malherbe et le faste de certains hôtels particuliers, de l'hôtel d'Escoville à ceux de la rue Saint-Pierre. Pourtant, l'université de Caen abrite une pièce exceptionnelle, œuvre du natif d'Orbec Paul Bigot (1870-1942), qui n'est pas un plan d'Athènes, mais une maquette en plâtre de la Rome antique de soixante-dix mètres carrés. En raison de ses nombreuses églises, la ville a également été surnommée la ville aux cent clochers..., tout comme une dizaine d'autres villes, parmi lesquelles Rouen figure en bonne place.

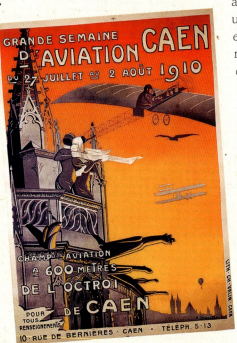

FR Blokley / Spel Mohlen / Tach Mare / Figur Mh
         Thispel soru

SA Solach puhn

SO Lock mit Rschais

RO CL Circulh

C'est là qu'est l'os

Caen doit beaucoup à Guillaume le Conquérant qui en a fait, à la veille de la conquête de l'Angleterre, une véritable cité en la dotant d'un puissant château et de l'abbaye aux Hommes, également connue sous le nom d'abbaye Saint-Étienne. Il repose d'ailleurs au cœur de cet édifice remanié au XVIIIᵉ siècle depuis 1087. Ou presque. Son tombeau a été pillé pendant les guerres de Religion et seul un os aurait été préservé. C'est ainsi que l'actuel tombeau, aménagé il y a un peu plus de deux cents ans, n'abrite rien de plus qu'un fémur.

L'abbaye aux Hommes, tout comme l'abbaye aux Dames où repose son épouse Mathilde de Flandre, n'aurait pas vu le jour si le pape Léon IX n'avait pas fait de cette construction une condition pour reconnaître leur union.

L'abbaye aux Dames abrite le siège du conseil régional de Normandie, dont les réunions peuvent également se tenir à Rouen ou au Havre.

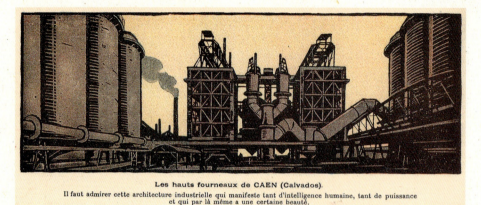

Les hauts fourneaux de CAEN (Calvados).
Il faut admirer cette architecture industrielle qui manifeste tant d'intelligence humaine, tant de puissance
et qui par là même a une certaine beauté.

Les hauts fourneaux de Caen ont fonctionné jusqu'en 1993.

❧ LES VOYAGES DE LA PIERRE DE CAEN ❧

La pierre de Caen est une roche calcaire exploitée non seulement dans les environs du chef-lieu du Calvados, mais aussi sous la ville elle-même, dans des carrières ayant fait office de refuge pour de nombreux Caennais lors des combats et des bombardements de la Seconde Guerre mondiale.

On la retrouve sur les principaux monuments de la ville, qu'ils datent du Moyen Âge ou de la reconstruction d'après-guerre. Compte tenu des liens entre le duché de Normandie et le royaume d'Angleterre, elle a été exportée outre-Manche. La tour de Londres, Tower Bridge, Buckingham Palace, la cathédrale Saint-Paul et la cathédrale de Cantorbéry figurent à son palmarès, tout comme la cathédrale Saint-Patrick de New York. Aujourd'hui, la pierre de Caen n'est plus vraiment exploitée, mais la carrière de Cintheaux peut reprendre du service si le besoin de restaurer certains monuments se fait sentir.

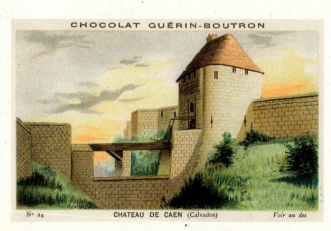

CHOCOLAT GUÉRIN-BOUTRON

Nº 24   CHATEAU DE CAEN (Calvados)   Voir au dos

LES CRÂNES DÉFORMÉS DE SAINT-MARTIN-DE-FONTENAY

En 1985, la commune de Saint-Martin-de-Fontenay, située au sud de Caen, a été le théâtre d'une découverte archéologique du plus haut intérêt : celle d'une nécropole de huit mille mètres carrés regroupant environ neuf cents sépultures. Le site a la particularité de compter des défunts ayant vécu à des époques relativement différentes, entre le VIᵉ siècle avant J.-C. et le VIIᵉ siècle après J.-C. Il compte deux populations bien distinctes, ce qui a été remarqué au vu des nombreux objets de la vie quotidienne mêlés aux ossements, mais aussi par la présence d'individus dont le crâne a été artificiellement déformé, une pratique que l'on retrouve chez des peuplades orientales comme les Huns ou les Burgondes. De tels crânes volontairement allongés par l'usage de bandes serrées durant l'enfance se trouvent peut-être aussi dans le cimetière communal. Des pratiques de déformation crânienne ont en effet survécu très longtemps dans certaines régions françaises. On les signale en particulier au XIXᵉ siècle dans la région toulousaine, mais certains auteurs parlent également de la « déformation normande ».

Pendant la Première Guerre mondiale, la commune d'Allemagne a pris le nom de Fleury-sur-Orne en hommage à Fleury-devant-Douaumont, village de la Meuse qui venait d'être détruit lors de la bataille de Verdun.

La baleine de Luc-sur-Mer

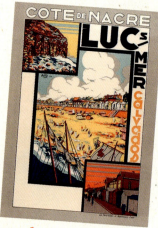

Si la station balnéaire de Saint-Aubin-sur-Mer est connue des géologues pour abriter des fossiles d'éponges remarquablement conservés au niveau de la falaise du cap Romain, son homologue de Luc-sur-Mer conserve les restes d'un animal autrement plus imposant. Il s'agit en effet du squelette d'une baleine échouée sur les rivages de la Côte de Nacre dans la nuit du 14 au 15 janvier 1885. Le cétacé long de dix-neuf mètres devait peser près de quarante tonnes !

⊱ L'EXPLOIT DE MICHEL CABIEU ⊰

La petite ville de Ouistreham est surtout connue aujourd'hui pour son port qui accueille les ferrys en provenance d'Angleterre. Au cours de la guerre de Sept Ans, une escadre venue d'outre-Manche n'y fut pas particulièrement bien accueillie. Dans la nuit du 17 juillet 1762, les Anglais ont cru avoir face à eux une troupe prête à en découdre ; il n'y avait pourtant qu'un seul normand déterminé à repousser leur attaque, le garde-côte Michel Cabieu. Usant de sa seule arme et de son tambour comme s'il avait commandé un véritable bataillon, ce dernier réussit à intimider le détachement ennemi. Quelques années plus tard trois redoutes furent aménagées pour protéger l'embouchure de l'Orne de pareilles attaques, à Merville, Colleville et Ouistreham, ville dont Napoléon qualifia plus tard les habitants de « Bédouins », suite au vol des fusils de ses soldats.

Retour au pays Mister Montgomery

En 1946, la commune de Colleville-sur-Orne – à ne pas confondre avec Colleville-sur-Mer – a pris le nom de Colleville-Montgomery, en hommage à Bernard Montgomery qui a occupé de hautes fonctions de commandement durant la Seconde Guerre mondiale au sein de l'armée britannique. Dans le sud du département, on pourrait penser qu'il en est de même pour les anciennes communes de Sainte-Foy-de-Montgommery et Saint-Germain-de-Montgommery (regroupées au sein de la commune nouvelle de Val-de-Vie), mais il n'en est rien, bien au contraire : l'officier britannique doit en réalité son nom à la famille normande de Montgommery, dont un certain Roger fut compagnon d'armes de Guillaume le Conquérant. Si un *m* s'est égaré outre-Manche, Colleville-Montgomery n'en garde pas moins un nom bien normand.

*Haut lieu du débarquement de Normandie, le pont de Bénouville a été rebaptisé **Pegasus Bridge** en référence à l'emblème des parachutistes britanniques.*

De Vire à Falaise

DES VAUX DE VIRE AUX CABARETS AMÉRICAINS

Long de cent vingt-huit kilomètres, la Vire est un fleuve côtier qui traverse le bocage Virois, au fond d'une vallée souvent encaissée, qui prend même des allures de petites gorges avant de traverser Pont-Farcy. Cette petite région naturelle des vaux de Vire a laissé son nom à un type de recueil qui mêlait aux XVe et XVIe siècles poésies et chansons paillardes. Plutôt orthographié vaudevire, ce genre littéraire, qui a pour représentant le foulon Olivier Basselin ou l'avocat Jean Le Houx, a laissé son nom aux vaude-villes, ces pièces de théâtre légères connues pour leurs portes qui claquent et leurs amants dans le placard. Le terme vaudeville a même tra-versé l'océan Atlantique, pour désigner plutôt des spectacles de music-hall.

Le bleu de Vire et l'or bleu de Caumont

Quand on se rend à Caumont-L'Éventé (centre de la commune nouvelle de Caumont-sur-Aure), on comprend aisément que ce village perché au sommet d'une colline tire son nom de sa position exposée au vent. Dans la seconde moitié du XIXᵉ siècle, on y a extrait « l'or bleu », à savoir l'ardoise. À trente mètres sous terre, des salles monumentales creusées par les mineurs sont aujourd'hui mises en valeur pour les visiteurs du site rebaptisé le Souterroscope. Le « bleu de Vire » est quant à lui une roche plus dure, puisqu'il s'agit d'un granit, appelé granodiorite de Vire par les spécialistes. Contrairement à l'ardoise, il est encore exploité en Normandie, dans une seule carrière située à Saint-Michel-de-Montjoie (Manche), non loin de Vire. Ce granit bleuté a notamment été employé pour la basilique de Lisieux et à Paris, pour la dalle du soldat inconnu sous l'Arc de Triomphe de l'Étoile. On le retrouve encore dans la porte-horloge de Vire, imposant vestige de l'enceinte fortifiée de la ville.

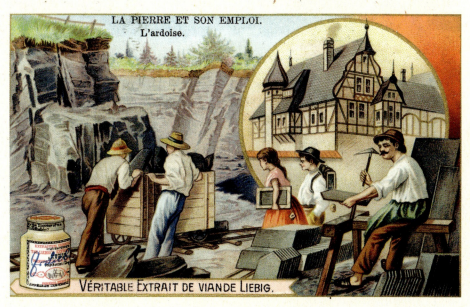

LA PIERRE ET SON EMPLOI. L'ardoise.

VÉRITABLE EXTRAIT DE VIANDE LIEBIG.

LA SUISSE NORMANDE

De la vallée de l'Orne au mont Pinçon, le sud du département présente des reliefs escarpés dont les altitudes varient entre 20 et 362 mètres, un écart suffisant pour lui accorder le nom touristique de Suisse normande. Cette appellation sans délimitation précise vaut également pour la partie septentrionale du département de l'Orne, et elle apparaissait même sur d'anciennes affiches faisant la promotion de Bagnoles-de-l'Orne. Non loin de Clécy, village considéré comme la capitale de la Suisse normande,

L'Orne entre le Pain de Sucre et les rochers des Parcs.

ce n'est pas le Cervin qui constitue un versant particulièrement escarpé de l'Orne, mais le Pain de Sucre. Pour trouver le Corcovado local, il faut monter à la croix de la Faverie, d'où le panorama permet d'admirer le viaduc de Clécy mis en service en 1873, non loin du tunnel des Gouttes, qui avec ses mille huit cents mètres de long tente vaille que vaille de rivaliser avec ses homologues de la « vraie » Suisse.

Connu notamment pour ses expéditions vers l'Antarctique, l'explorateur Jules Dumont d'Urville est né à Condé-sur-Noireau en 1790. Cinquante-deux ans plus tard, il disparut à Meudon lors de la première catastrophe ferroviaire de l'histoire.

L'Orne à Pont-d'Ouilly.

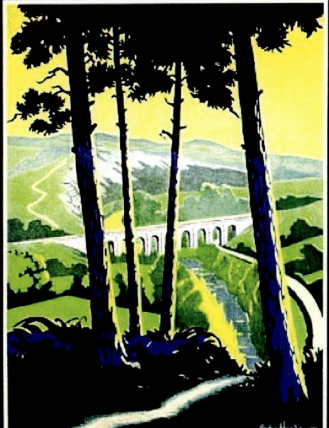

De singuliers villages éclatés

Le sud du Calvados, tout comme le pays d'Auge et le nord de l'Orne, compte un certain nombre de villages présentant une spécificité que l'on ne retrouve nulle part ailleurs en aussi grand nombre. Il s'agit de villages faiblement peuplés n'ayant pas véritablement de centre. Habituel cœur des villages, l'église est isolée et jouxtée uniquement par son cimetière, tandis que la mairie se trouve dans l'un des hameaux de la commune. C'est le cas à Angoville, Meslay, Cossesseville, Placy ou encore Périgny, un village habité par une cinquantaine de Péruviens, puisque tel est son gentilé. Quant à la commune des Autels-Saint-Bazile, l'église est bien au cœur d'un village, certes bien modeste, mais c'est sa mairie qui se trouve totalement isolée, à l'autre bout du territoire communal.

❧ LE CHÂTEAU DE GUILLAUME LE CONQUÉRANT ET DE SES DESCENDANTS ❧

La ville de Falaise n'est pas située au bord de la mer, mais elle doit tout de même son nom à l'escarpement qui entoure une partie de son cœur historique et en haut duquel fut bâti son vaste château médiéval, présenté comme le « château Guillaume le Conquérant ». Celui qui a été appelé Guillaume le Bâtard, car ses parents Robert le Magnifique et Arlette de Falaise n'étaient que concubins, y est né en 1027 ou 1028, mais c'est à son fils Henri Ier Beauclerc que l'on doit le grand donjon quadrangulaire. Arrière-petit-fils de Guillaume le Conquérant et époux d'Aliénor d'Aquitaine, Henri II Plantagenêt lui a fait adjoindre un plus petit donjon, tandis que la tour Talbot est un troisième donjon de plan circulaire, né de la volonté du roi de France Philippe Auguste, devenu maître de la Normandie en 1204.

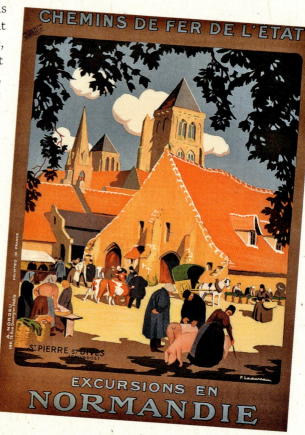

Les imposantes halles de Saint-Pierre-sur-Dives ont été reconstruites à l'identique après la Seconde Guerre mondiale.

Œil pour œil, groin pour groin

Par un beau jour du début de l'année 1386, la foule de Falaise s'est amassée dans la cour du château pour assister à une exécution par pendaison. L'accusée, déclarée coupable malgré l'intervention de son avocat commis d'office, a été jugée pour avoir mangé une partie du visage et le bras d'un enfant en bas âge. Elle subit d'abord la loi du talion ; on lui coupa donc le groin avant de s'attaquer à ses jarrets. Ce procès singulier était en effet celui d'une truie, que l'on avait habillée en homme pour l'occasion !

Près de Potigny, la Brèche au Diable est une courte gorge traversée par le Laizon et dominée par l'étonnant tombeau de Marie Joly, une sociétaire de la Comédie-Française qui a épousé un officier, maire de l'ancienne commune de Tassilly-Saint-Quentin.

De Lisieux à Honfleur

⟨ SAINTS, DE FILLE EN PARENTS ⟩

La capitale du pays d'Auge est connue des catholiques du monde entier grâce à sainte Thérèse de l'Enfant Jésus, plus connue sous le nom de Thérèse de Lisieux (1873-1897). Dominant la ville, la basilique dont la construction a débuté en 1929 est la plus grande église construite en France au XXᵉ siècle et le deuxième lieu de pèlerinage en France le plus visité, après Lourdes. On y trouve les reliques de sainte Thérèse, mais aussi celles de ses parents Louis et Zélie Martin, des commerçants en dentelles et en horlogerie d'Alençon, qui ont récemment été canonisés par le pape François.

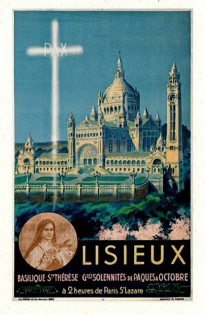

CHOCOLAT GUÉRIN-BOUTRON

Nº 50   CHATEAU DE FERVACQUES (Calvados)   Voir au dos

LE PÈRE DE L'HÉLICOPTÈRE

Paul Cornu n'est pas le plus connu des aviateurs, sauf peut-être dans les environs de Lisieux. Né en 1881 non loin de là, à Glos-la-Ferrière, cet autodidacte est pourtant le premier pilote à avoir assuré le vol d'un aéronef à hélice sustentatrice, autrement dit d'un hélicoptère. Même si l'appareil ne s'est pas élevé à plus d'un mètre cinquante au-dessus d'un champ de Coquainvilliers, le 13 novembre 1907 est généralement reconnu comme la date du premier vol d'un hélicoptère, même s'il fut devancé de quelques mois par Louis Bréguet et le vol de son gyroplane. Inventeur infatigable, on lui doit encore une bicyclette à moteur, une voiturette, un tricycle à vapeur et des travaux sur les ondes radio. En 1944, les bombardements qui ont frappé la ville de Lisieux l'ont emporté, lui et son prototype d'hélicoptère.

Des vaches acrobates ?

En Normandie, on trouverait même des vaches à flanc de falaise. C'est ce que l'on pourrait croire en entendant parler des falaises des Vaches noires, sises entre Houlgate et Villers-sur-Mer, sauf que les vaches en question ne sont que des rochers écroulés au pied des falaises et

Elevage normand.

noircis par les algues, que des marins auraient perçus comme un troupeau de ruminants. D'ailleurs, les vaches de race normande n'arborent pas une robe noire, mais bien une robe blanche avec des taches brunes.

Le « XIXᵉ arrondissement de Paris »

De Cabourg à Honfleur, les stations balnéaires de la côte orientale du Calvados ont profité de la proximité de la clientèle parisienne pour se développer à partir du XIXᵉ siècle, l'avènement du chemin de fer ayant facilité sa venue. La plus renommée d'entre elles est sans doute Deauville, une station créée dans les années 1860 par le duc de Morny, demi-frère de Napoléon III. Deauville n'était auparavant qu'un minuscule village qui occupait les premières pentes du mont Canisy. Les célèbres planches en azobé, un bois exotique, ont été aménagées en 1923 et se poursuivent de l'autre côté de l'embouchure de la Touques, à Trouville-sur-Mer, un ancien port de pêche dont la gare a fait de Deauville le « XIXᵉ arrondissement de Paris ».

Le Blason des Villes de France

HONFLEUR
(CALVADOS)

❧ LE PORT DE HONFLEUR ❧

Avant d'être irrémédiablement concurrencé par Le Havre, Honfleur était un port important, où les corsaires croisaient les marins en partance pour l'Amérique, et d'où Samuel de Champlain partit pour une expédition qui le mena à fonder Québec en 1608. Dans la seconde moitié du XIXᵉ siècle, les rivages de la Côte de Grâce et notamment les hautes et étroites maisons qui se reflètent dans les eaux du vieux bassin n'ont pas manqué d'inspirer les peintres, qui ont profité du chemin de fer et de l'invention du tube de peinture pour venir poser leurs chevalets en Normandie. Gustave Courbet ou Claude Monet ont ainsi retrouvé le peintre local Eugène Boudin, dont une des œuvres représentant l'église Sainte-Catherine et son clocher séparé du reste de l'édifice a longtemps été attribué à Monet. Désormais, Honfleur et Le Havre sont reliés par le pont de Normandie, dont la longueur (2141 m) constituait un record mondial pour un pont à haubans au moment de son inauguration en 1995.

L'ORNE (61)

Population : 287 750 hab. **Superficie :** 6 103 km²
Chef-lieu : Alençon (26 028 hab. ; 40 000 dans l'agglomération)
Sous-préfectures : Argentan (13 968 hab.) et Mortagne-au-Perche (3 994 hab.)
Autre ville importante : L'Aigle (8 018 hab.)

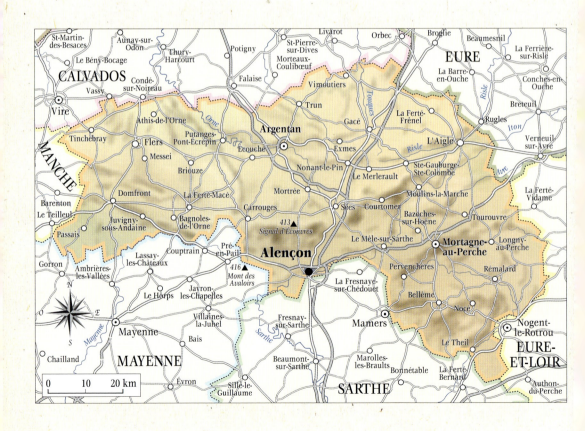

Le territoire de l'Orne n'est pas uniquement composé de terres historiquement normandes. Le sud-est correspond en effet à une partie de l'ancienne province du Perche, comme le rappelle Mortagne-au-Perche, la plus petite sous-préfecture normande, ou Perche-en-Nocé et Val-au-Perche, deux des nombreuses communes nouvelles nées, récemment, de la fusion de plusieurs communes. Le département abrite la source du fleuve côtier qui lui a donné son nom, mais la Mayenne, la Sarthe,

La Sarthe près d'Alençon

l'Eure, la Touques ou encore la Risle y naissent également. Ce château d'eau naturel correspond à la région la plus haute de Normandie, dont le point culminant est situé près d'Alençon au Signal d'Écouves (413 m). La campagne d'Alençon et la campagne d'Argentan constituent des régions naturelles où les reliefs se font moins sentir, tandis que la partie méridionale du pays d'Auge et la partie occidentale du pays d'Ouche constituent le nord-est du département.

Flers et ses environs

DU PLOMB SANS LA CERVELLE

L'église Saint-Germain de Flers a des faux airs de Notre-Dame de Paris, mais elle est bien plus récente puisqu'elle a été bâtie à partir de 1910, pour répondre à l'importante croissance démographique que la ville a connue au XIXe siècle. Des fouilles archéologiques, menées au niveau de la place Saint-Germain, ont récemment rappelé qu'elle a supplanté une autre église qui n'occupait pas tout à fait le même emplacement. Sous cette place ont en effet été mis au jour deux sarcophages de plomb, inhumés dans l'ancienne église au XVIIIe siècle. Ils recèlent des squelettes aux crânes sectionnés, signes que l'on a ôté les cerveaux des défunts, qui sont probablement deux membres de la famille comtale de Flers. Ce type de cercueils a plus souvent été conservé dans les villes de l'Ouest de la France, où la présence de contre-révolutionnaires a limité le réemploi de leur plomb pour en faire des munitions.

C'est en se jetant dans les douves du château de Flers que la chanteuse lyrique Fernande Segret, dernière maîtresse de Landru, a trouvé la mort en 1968.

Il fallait le fer

La présence de minerai de fer dans l'ouest du département n'est pas pour rien dans le fait que la petite ville de Tinchebray soit devenue la « capitale de la quincaillerie ». La métallurgie a aussi profité de la force hydraulique des cours d'eau et des vastes forêts pour les besoins en charbon de bois. Prenant le relais des cloutiers et des forges, elle a connu un nouvel essor au début du XXᵉ siècle, avec l'exploitation de mines, à la Ferrières-aux-Étangs ou à Saint-Clair-de-Halouze où subsiste l'habitat rectiligne typique des cités ouvrières. Au-dessus d'un puits qui s'enfonçait à trois cent soixante-quinze mètres de profondeur, le carreau de la mine de Saint-Clair-de-Halouze, exploitée jusqu'en 1978, conserve le tout dernier

chevalement de Normandie, une tour qui a été remontée après-guerre, après avoir officié outre-Rhin. Des fours ont bien été aménagés pour augmenter la teneur en fer du minerai, mais sans commune mesure avec les hauts fourneaux du Nord de la France où le minerai était envoyé en train. Après plus d'une centaine d'années d'activité, la fonderie Quéruel de Flers a cessé de fabriquer des bouches d'égout, mais les outils de jardinage Mermier continuent d'être produits à Tinchebray, où la société Dubois s'est quant à elle repositionnée sur la quincaillerie haut de gamme.

L'ancienne abbaye de la ville abrite depuis 1909 un établissement industriel qui produit du chocolat, un aliment plutôt riche en fer...

La vallée qui filait un mauvais coton…

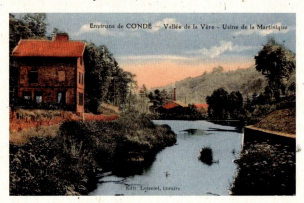

Environs de CONDÉ — Vallée de la Vère — Usine de la Martinique

Édit. Loiselet, libraire

Entre Athis-de-l'Orne et Condé-sur-Noireau (Calvados) – deux villes désormais au centre des communes nouvelles d'Athis-Val-de-Rouvre et de Condé-en-Normandie –, la Vère se fraie un chemin dans la campagne normande sans traverser la moindre ville, ni même le moindre village, avant de se jeter dans le Noireau à Pont-Érambourg. Pourtant, un long chapelet d'usines s'égrène au fond de cette vallée encaissée et inhabitée, près d'une dizaine en moins de trois kilomètres avec parmi elles d'anciennes filatures aux noms exotiques, comme la Martinique ou la Petite Suisse. Aujourd'hui, son surnom pourrait faire penser à la Californie : au tournant des XIXᵉ et XXᵉ siècles, les filatures de coton se sont durablement muées en filature d'amiante, avec les conséquences malheureuses que l'on peut deviner pour les anciens ouvriers qui l'ont rebaptisée la « vallée de la mort »…

Paréidolie en Suisse normande

Au cœur de la Suisse normande, sur le territoire communal de Saint-Philibert-sur-Orne, le sommet de la roche d'Oëtre offre un panorama sur la vallée boisée de la Rouvre, un affluent de l'Orne qui s'écoule une centaine de mètres plus bas. Sous un angle particulier, la partie sommitale du rocher dessine les contours du profil d'un visage humain. Ce type d'illusion porte le nom de paréidolie.

LA SUISSE NORMANDE

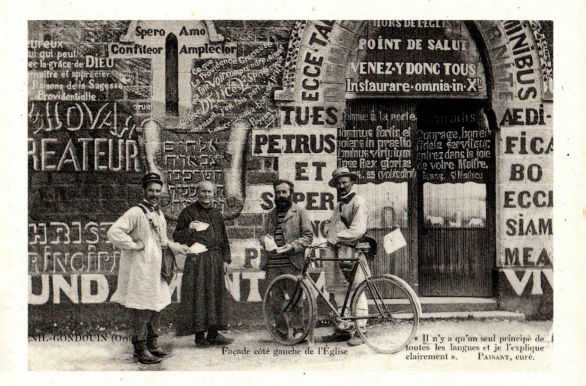

Façade côté gauche de l'Église

« Il n'y a qu'un seul principe de toutes les langues et je l'explique clairement ». PAISANT, curé.

L'ÉGLISE VIVANTE ET PARLANTE DE L'ABBÉ PAYSANT

Le petit village de Ménil-Gondouin peut s'enorgueillir de posséder avec son église Saint-Vigor un monument des plus singuliers. Nommé en 1873 dans cette commune qui compte aujourd'hui cent soixante-dix habitants, l'abbé Paysant ne s'est pas forcément attiré la sympathie de l'évêché en parant l'église d'inscriptions colorées et de statues aussi innombrables que ses tableaux. Ce prêtre atypique était animé par une inspiration puisée dans ses nombreux voyages et par la volonté d'expliquer la religion par l'image. Après sa mort, l'ordre fut donné d'ôter les statues et les peintures, mais l'édifice qui fut notamment qualifié d'église « vivante et parlante » a récemment retrouvé ses couleurs et ses ornements, grâce à des travaux entrepris entre 2004 et 2006 à partir de cartes postales anciennes. Alléluia !

❦ UNE ÉGLISE EN BÉTON ARMÉ ❧

Dans le cœur historique que constitue sa ville haute, Domfront possède, avec l'église Saint-Julien, un lieu de culte étonnant, bien plus récent que l'église Notre-Dame-sur-l'Eau située en contrebas, sur les bords de la Varenne. L'église Saint-Julien a été bâtie entre 1924 et 1926 par l'architecte Albert Guibert. Son plan carré, son style d'inspiration byzantine, ses mosaïques et sa structure en béton armé en ont fait un bâtiment novateur, labellisé Patrimoine du XXe siècle.

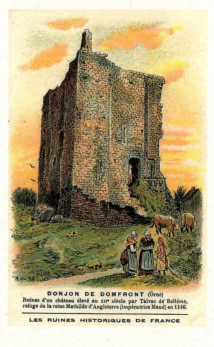

DONJON DE DOMFRONT (Orne)
Ruines d'un château élevé au XIIe siècle par Talvas de Bellême, refuge de la reine Mathilde d'Angleterre (impératrice Maud) en 1146.

LES RUINES HISTORIQUES DE FRANCE

Vestige d'un château du XVe siècle, la tour de Bonvouloir à Juvigny-sous-Andaine a été surnommée « le Phare » en raison de sa forme élancée.

Les vestiges de guerre méconnus de Bagnoles-de-l'Orne

À Domfront et dans la forêt des Andaines, la barre gréseuse qui traverse le sud-ouest du département est entaillée par plusieurs cluses. C'est dans l'une de ses vallées encaissées que se trouve l'établissement thermal qui a fait la notoriété de Bagnoles-de-l'Orne, seule station du genre dans le Nord-Ouest de la France. Un peu plus à l'est, la cluse des gorges de Villiers abrite une source qui a un temps fait l'objet d'un projet d'exploitation. Le toponyme Bagnoles a la même racine que « bains » et fait donc directement référence à l'activité thermale, qui a surtout commencé à attirer les classes aisées à la fin du XIXᵉ siècle. À cette époque débuta l'aménagement du quartier Belle-Époque, où les villas rivalisent d'opulence en présentant une remarquable unité architecturale. Pendant la Seconde Guerre mondiale, certains hôtels

de la station ont été réquisitionnés par les Allemands, mais ces derniers ont surtout fait des abords de la station thermale l'une de leurs plus importantes bases arrière, en retrait du mur de l'Atlantique. Dans la forêt voisine, près de la route des Treize-Neiges, de discrets vestiges – bien aidés par des panonceaux explicatifs – rappellent l'existence en ces lieux d'un important dépôt de munitions, d'une réserve de carburant et d'un entrepôt pour véhicules de guerre. Massivement bombardé par les Alliés, cet ancien site stratégique a été reboisé, avant de ressortir d'un quasi-oubli il y a quelques années seulement.

Cluse : *vallée étroite traversant perpendiculairement une ligne de crête.*

D'Argentan à L'Aigle

✠ LE MÉRIDIEN D'ARGENTAN ✠

Le département de l'Orne est séparé en deux parties à peu près égales par une célèbre ligne imaginaire : le méridien de Greenwich.

Ainsi, les villes d'Alençon et d'Argentan, qui ont pourtant des longitudes proches, appartiennent respectivement à l'hémisphère est et l'hémisphère ouest. Contrairement à l'indiscutable équateur qui sert de référence pour la latitude, le méridien de Greenwich ne marque la longitude zéro que par convention, après avoir longtemps eu comme concurrent le méridien de Paris. Cette ligne dont le nom fait référence à un observatoire de la banlieue de Londres effleure la commune d'Argentan et traverse l'hippodrome de la ville (situé sur le territoire de la commune déléguée d'Urou-et-Crennes), qui se retrouve à cheval sur deux hémisphères.

LE « VERSAILLES DU CHEVAL »

Il est aisé de deviner que le site le plus fameux de la commune du Pin-au-Haras est un haut lieu de l'élevage équin. Aménagé autour d'un château bâti comme ses écuries au début du XVIIIᵉ siècle, le haras du Pin est le plus ancien des haras nationaux, nés de la volonté de Colbert et de Louis XIV. Ces derniers ne voulaient plus

faire venir de l'étranger les chevaux de l'armée, alors que les guerres avaient été coûteuses en hommes mais aussi en montures. Sur un domaine de plus de mille hectares, le site a été dédié à la reproduction et à l'amélioration des races, avec parmi celles-ci un puissant cheval de trait devant son nom à une région naturelle proche : le percheron. Le haras du Pin est désormais un site touristique majeur de l'Orne, département qui se situe dans le trio de tête des départements comptant le plus de chevaux, avec la Manche et le Calvados.

Le château d'Ô est déjà une curiosité par son nom, qui est aussi, sans l'accent, celui d'une famille normande qui compta notamment dans ses rangs François d'O, un mignon d'Henri III.

LE FROMAGE DE MARIE HAREL

À Vimoutiers, Marie Harel a le privilège d'être représentée par deux statues. Cette dernière est connue pour avoir inventé un fromage qui porte le nom d'un tout petit village voisin, et qui n'est autre que le camembert. Née en 1761 dans le bien nommé village de Crouttes, elle l'aurait élaboré avec l'aide d'un prêtre réfractaire venu de Brie, une région associée à un autre fromage à croûte fleurie. Il faut bien dire que cette histoire est largement inventée,

même si Marie Harel a bel et bien existé, et la volonté de ses descendants d'avoir le monopole de la fabrication du camembert n'est peut-être pas pour rien dans le succès de cette légende. Ce n'est pas parce que Marie Harel a été démasquée que l'une des deux statues de Vimoutiers a perdu la face. Non, la sculpture a simplement été décapitée par les bombardements de 1944. Après-guerre, la ville de Vimoutiers reçut des dons qui ont la particularité d'avoir été réunis par une célébrité américaine : Margaret Mitchell, l'auteure du best-seller *Autant en emporte le vent*.

L'automate léonin de Léonard

Il y a cinq cents ans, le château ducal d'Argentan fut le cadre d'une grande fête organisée en l'honneur du roi François Ier par sa sœur Marguerite d'Angoulême. Cette femme de lettres est également connue sous le nom de Marguerite d'Alençon depuis son mariage avec le duc d'Alençon, Charles IV, et plus encore sous celui de Marguerite de Navarre depuis son remariage avec Henri II de Navarre, union de laquelle est née la mère d'Henri IV.

Bien moins peuplée que ses voisines Alençon et Argentan, la ville de Sées abrite le siège de l'évêché pour le département de l'Orne.

Léonard de Vinci, installé depuis peu en France auprès de François Ier, fut le metteur en scène de cet événement pour lequel un lion automate mobile né de son esprit fécond fut présenté. Si le génie de la Renaissance n'a laissé aucun dessin de sa création, l'on croit savoir qu'elle impressionna l'assistance, notamment en laissant s'échapper des fleurs de lys quand la bête était frappée sur la poitrine.

Célèbre meurtrière du révolutionnaire Jean-Paul Marat, Charlotte Corday est née non loin de Camembert, dans la ferme du Ronceray (sur le territoire de la commune des Champeaux).

⊹ LES AIGUILLES DE LA RISLE ⊹

Plus grande ville de l'est du département, L'Aigle porte un nom qui semble bien faire référence au rapace, mais pour une raison qui reste obscure. Si l'on ne retrouvait pas ce nom dès le Moyen Âge, il ne serait pas idiot de penser à une déformation du mot « aiguille », en référence à la spécialité industrielle locale. Sur les bords de la

Risle, non loin du centre historique de L'Aigle, se dressent encore les bâtiments de l'usine d'aiguilles de Mérouvel, classés monuments historiques. Plus en aval, la manufacture Bohin est la dernière du genre en activité en France. À Saint-Sulpice-sur-Risle, cet établissement industriel remarquable conjugue des ateliers produisant aiguilles et épingles à un musée où l'on découvre ce savoir-faire présenté parmi d'autres spécialités artisanales de la région.

La manufacture Bohin à Saint-Sulpice-sur-Risle.

La météorite de L'Aigle

Au début du XIXe siècle, l'origine des météorites faisait encore débat dans le monde scientifique. Mais ça, c'était avant l'épisode de la météorite de L'Aigle. Le 26 avril 1803, de violentes déflagrations se sont fait entendre au-dessus de L'Aigle. Une pluie de pierres s'est abattue autour de la ville. Si les scientifiques normands Vauquelin et Laplace ont eu un rôle dans la reconnaissance de l'origine céleste des météorites, le jeune Jean-Baptiste Biot en est le personnage central. Cet astronome parisien de l'Académie des sciences est venu deux mois plus tard enquêter dans le pays d'Ouche, comparant les pierres locales à des fragments de la météorite – l'un d'entre eux est visible au musée de L'Aigle – tout en recueillant de nombreux témoignages concordants. Son étude permit de faire de la pierre de L'Aigle la première pierre du monde reconnue scientifiquement comme étant d'origine extraterrestre.

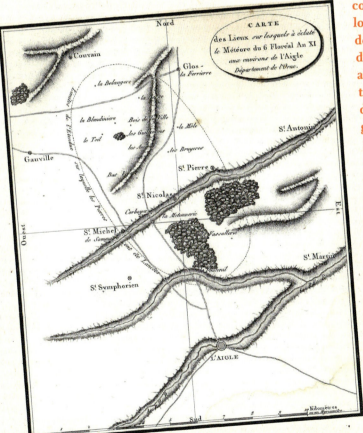

Carte établie d'après les inspections de Jean-Baptise Biot.

Les bonheurs de Sophie

Situé sur la commune d'Aube, le château des Nouettes a longtemps été la résidence d'une célèbre auteure : Sophie Rostopchine, plus connue comme la comtesse de Ségur. Souhaitant s'éloigner des mondanités parisiennes, elle a fait l'acquisition de cette demeure normande en 1821, grâce à son père Fiodor Rostopchine, qui a la particularité d'avoir combattu l'ancien propriétaire des lieux, le général napoléonien Charles Lefebvre-Desnouettes, lors de la campagne de Russie.

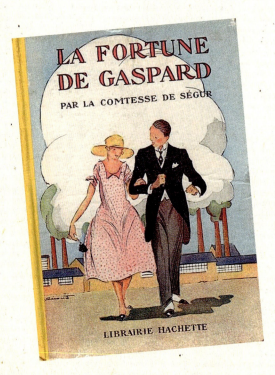

Perçue comme extravagante par les habitants d'Aube, elle aimait y narrer des contes à ses enfants et à ses petits-enfants avant de débuter sa carrière littéraire sur le tard, à plus de 50 ans. Son mari Eugène de Ségur, directeur de l'une des principales compagnies de chemins de fer du pays, a présenté ses œuvres à l'éditeur Louis Hachette, qui allait bientôt avoir l'opportunité de vendre ses titres dans les gares de France. La comtesse de Ségur s'est souvent inspirée de son entourage familial et de son voisinage. Derrière le riche industriel de *La Fortune de Gaspard* se cache le maître de la forge du village, désormais reconvertie en musée, à quelques pas d'un autre musée dédié à l'écrivaine.

SUR LA LIGNE PARIS-BREST

Près du village de Saint-Michel-Tubœuf, une tour carrée se dresse au beau milieu d'un champ, sans qu'il soit aisé de deviner l'usage qui lui était jadis réservé. À la fin du XVIIIe et au début du XIXe siècle, certaines campagnes françaises comme celle du pays d'Ouche ont vu quelques-unes de leurs collines et quelques-uns de leurs monuments se faire coiffer d'un dispositif formant les étranges signaux du télégraphe optique de Claude Chappe. La tour de Saint-Michel-Tubœuf constitue

L'ancien télégraphe à Saint-Michel-Tubœuf.

l'ancienne station du Buat, autrefois surmontée de bras articulés qui permettaient d'envoyer des messages codés à caractère militaire entre Paris et Brest. À quelques kilomètres de là, l'église de Saint-Symphorien-des-Bruyères copiait les mêmes signaux, jusqu'à ce que l'invention du télégraphe électrique ait peu à peu fait disparaître ces sémaphores terrestres, au milieu du XIXe siècle.

D'Alençon à Mortagne-au-Perche

✳ UN POINT C'EST TOUT ? ✳

La région d'Alençon possédait déjà un certain savoir-faire dans le domaine quand Colbert décida en 1665 d'y installer une manufacture royale de dentelle. Réalisée à l'aiguille et avec du fil de lin, la dentelle d'Alençon a pris peu à peu un style propre baptisé « point d'Alençon » ; celle qui fut qualifiée de « dentelle des reines et reine des dentelles », au XIXᵉ siècle, a même été classée au patrimoine immatériel de l'humanité. Les quelques dentellières de l'Atelier national du point d'Alençon perpétuent cette tradition tout comme les moniales d'Argentan, à la différence que ces dernières pratiquent le point d'Argentan, également appelé point de France. Argentan fut en effet un autre haut lieu de la dentellerie, avec pas moins de cinq manufactures. Au cœur du Perche, le charmant village de La Perrière s'était quant à lui fait une spécialité de la dentelle au filet.

Les Alpes « alençonnaises »

Aux confins des départements de la Mayenne, de la Sarthe et de l'Orne, s'étire une région de collines et de vallées encaissées connue depuis un siècle sous le nom d'Alpes mancelles, bien qu'Alençon soit nettement plus proche de ces reliefs accidentés que la ville du Mans. Ces « Alpes » n'abritent cependant pas le point culminant du département, à savoir le Signal d'Écouves, situé au nord d'Alençon et qui est, avec ses quatre cent treize mètres, le deuxième plus haut sommet de l'Ouest de la France, dépassé de peu par le mont des Avaloirs (416 m en Mayenne). Cerné par un méandre de la Sarthe, Saint-Céneri-le-Gérei est le village le plus pittoresque de cette portion du massif Armoricain. Son église a la particularité d'être « protégée » par un nid d'abeilles (lui aussi protégé). La légende raconte que ces insectes hyménoptères auraient repoussé les assaillants normands à la fin du IXᵉ siècle, les obligeant à se jeter dans le fond de la vallée de la Sarthe.

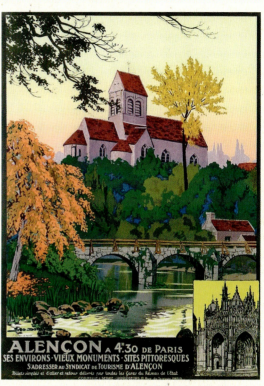

Saint-Céneri-le-Gérei.

Le château de Carrouges est devancé par un imposant châtelet construit en briques rouges.

LA SARTHE, PLUS PETITE RIVIÈRE DE FRANCE ?

Comme son nom l'évoque, la commune de Soligny-la-Trappe compte sur son territoire un célèbre monastère cistercien, celui-là même qui a donné son nom à l'ordre des trappistes. Le site de la Trappe est bordé par l'Itonne, un sous-affluent de la Seine, mais cela n'empêche pas cette commune d'abriter la source d'un cours d'eau qui prend la direction de l'océan Atlantique, à savoir celle de la Sarthe – ou plutôt celle parmi les différentes sources de la Sarthe qui est le plus couramment présentée comme tel. La Sarthe naît près du hameau de Somsarthe, où elle est matérialisée par une petite construction au sommet arrondi, mais au bout de quelques dizaines de mètres, elle a déjà disparu ! La rivière s'engouffre dans le sous-sol crayeux pour réapparaître un kilomètre plus loin, près du village de Saint-Aquilin-de-Corbion, au niveau de ce qui est donc une résurgence. Dès lors, la Sarthe amorce un cours définitif long de plus de trois cents kilomètres.

Le duché d'Alençon ne fut définitivement rattaché au domaine royal que sous Henri IV, ce dernier ayant largement contribué au démantèlement du château des ducs d'Alençon, qui n'a conservé que son imposant pavillon d'entrée.

Les percherons d'outre-Atlantique

En août 1944, des hommes venus d'Amérique ont libéré le Perche et notamment le village de Tourouvre, tout juste meurtri par un massacre qui avait fait dix-huit morts et laissé une cinquantaine de maisons incendiées. Trois siècles plus tôt, de nombreux habitants de Tourouvre avaient fait le chemin inverse, plus précisément vers le Canada. Comme le montre une plaque de l'église avec les noms de trente-cinq enfants du pays ayant émigré, le village fut en effet un important lieu de départ vers la Nouvelle-France, le nom donné à la colonie fondée au XVIe siècle en Amérique du Nord. Parmi ces Percherons qui ont quitté leur continent pour aller mettre en valeur des terres quasi vierges, Julien Mercier est l'arrière-grand-père d'un premier ministre de la province du Québec, qui est venu à Tourouvre à la fin du XIXe siècle, laissant un don pour que des vitraux de l'église rappellent sa visite, mais aussi le départ de son ancêtre, qui est aussi celui des chanteurs Céline Dion, Diane Tell et Justin Bieber ou encore du réalisateur Xavier Dolan.

MORTAIGNE

Les dimensions imposantes de la basilique Notre-Dame de Montligeon détonnent au cœur du petit village de La Chapelle-Montligeon.

De la petite boutique de Bellême au premier grand magasin de Paris

46 — BELLEME. L'Hospice, création de M. Boucicaut. ND Phot.

À deux pas de la ville close de Bellême, qui n'a conservé que l'une de ses deux portes, une plaque signale la maison natale d'un certain Aristide Boucicaut (1810-1877). Ce percheron a d'abord travaillé dans la boutique de chapeaux de son père, avant de quitter Bellême pour devenir vendeur itinérant, puis de s'installer à Paris, comme de nombreux provinciaux le faisaient à l'époque. Employé dans différents magasins, il finit par racheter les parts du magasin *Au Bon Marché*, dont il a fait le premier grand magasin, inspirateur de Zola pour son roman *Au Bonheur des dames*. Avec l'aide de sa femme Marguerite, il base sa réussite sur le recours à des techniques novatrices (vente par catalogues, publicités habiles, périodes de soldes…) qui font de lui un pionnier du commerce moderne. Le néo-Parisien n'a pas oublié Bellême, puisqu'il a financé les vitraux et la cloche de l'église, ainsi qu'un hospice. Après sa mort et celle de son épouse, qui a poursuivi son œuvre commerciale pendant une dizaine d'années, la fondation Boucicaut y assura la création d'un établissement destiné à recevoir femmes âgées et jeunes filles, faisant perdurer les préoccupations sociales qui l'avaient animé vis-à-vis de ses employés parisiens.

⚔ LA BIOGRAPHIE D'UN INCONNU ⚔

Modeste sabotier d'Origny-le-Butin, ne sachant ni lire ni écrire, Louis-François Pinagot (1798-1876) n'a a priori rien réalisé d'exceptionnel au cours de sa vie et, au crépuscule de celle-ci, il n'aurait assurément pas imaginé être cent vingt ans plus tard le sujet d'une biographie. Avec *Le Monde retrouvé de Louis-François Pinagot*, c'est bel et bien le travail qu'a réalisé l'historien Alain Corbin. L'auteur de travaux souvent originaux et proches de la sociologie a fait la connaissance de ce riverain de la forêt de Bellême aux archives départementales de l'Orne, son département natal, avant d'essayer de reconstruire la vie de cet homme ordinaire et de conclure en se demandant ce qu'il aurait pu penser de cet ouvrage qu'il n'aurait pas été en mesure de lire.

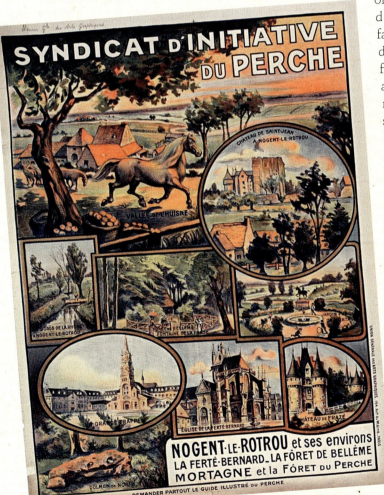

La forêt de Bellême au milieu d'autres sites du Perche, région qui s'étend également en Sarthe et en Eure-et-Loir.

L'EURE (27)

Population : 598 347 hab. **Superficie :** 6 040 km² **Chef-lieu :** Évreux (49 461 hab.)
Sous-préfectures : Bernay (10 435 hab.) et Les Andelys (8 186 hab.)
Autres villes importantes : Vernon (23 951 hab.), Louviers (18 916 hab., 40 000 dans l'agglomération
formée avec Val-de-Reuil), Gisors (11 369 hab.) et Pont-Audemer (9 008 hab.)

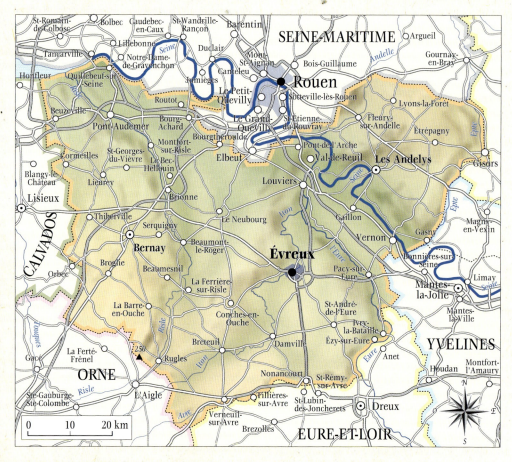

Le département de l'Eure porte le nom d'un affluent de la Seine né dans l'Orne et qui traverse Chartres et Louviers, tandis qu'Évreux est traversé par l'Iton, son principal affluent. Avant de rejoindre la Seine au niveau de son estuaire, la Risle draine l'ouest du département, séparant le pays d'Ouche et le Lieuvin (sur sa rive gauche) du plateau du Neubourg et du Roumois (sur sa rive droite). À l'est de la vallée de la Seine, l'Epte fait office de limite départementale avec l'Oise et le Val-d'Oise, et de frontière historique entre le Vexin normand et le Vexin français.

Les paysages dominants sont les bas plateaux, comme au centre du département où le chef-lieu Évreux se trouve sur le plateau de Saint-André, parfois appelé campagne d'Évreux. Le territoire de l'Eure s'inclut dans le Bassin parisien et son altitude maximale est relativement faible, seulement deux cent quarante-cinq mètres dans le sud-ouest du département, sur le territoire communal de Juignettes.

De Pont-Audemer à Bernay

LE TRÉSOR D'HENRICARVILLE

Comme le rappellent les graffitis de bateaux qui ornent certains bâtiments du village, Quillebeuf-sur-Seine est un ancien port, qui, entre Le Havre et Rouen, est quelque peu tombé dans l'oubli, sans connaître le destin de Nantes ou Bordeaux qui ont profité d'un site comparable en fond d'estuaire. Ce port a tout de même eu une certaine importance, notamment quand Henri IV le dota de fortifications, du monopole du pilotage sur la Seine et même du droit de rebaptiser la cité Henricarville. Avant que d'importants aménagements amorcés dans la seconde moitié du XIXe siècle ne domestiquent le cours de la Seine, Quillebeuf se trouvait à l'extrémité d'une pointe près de laquelle coula le brick *Télémaque* (tout juste rebaptisé le *Quintanadoine*), le 3 janvier 1790. Parti de Rouen trois jours plus tôt, ce navire était suspecté de transporter autre chose que sa cargaison officielle.

Les rumeurs se portèrent sur les biens précieux de nobles émigrés, sur les trésors des abbayes normandes, et même la fortune de Louis XVI fut évoquée. En 1939, quelques objets de valeur ont bien été remontés à la surface, mais cette chasse au trésor a été stoppée par la guerre, sans avoir fait taire les rumeurs autour de l'odyssée séquanienne du Télémaque.

LE CÉLÈBRE PONT DE MARAIS-VERNIER

Occupant un ancien méandre de la Seine aisément reconnaissable sur une carte topographique, le marais Vernier constitue une vaste zone humide parsemée de chaumières. Ces habitats traditionnels sont construits avec des matériaux locaux que sont le bois pour les colombages et la charpente, l'argile et la paille pour le torchis des murs, et enfin les chaumes de roseaux pour le toit. Marais-Vernier est aussi le nom d'un village s'étirant entre le marais et le plateau qui s'avance vers l'estuaire jusqu'à la pointe de la

Roque. À la fin des années 1950, cette commune de l'Eure aurait pu connaître la notoriété qui s'est reportée sur sa voisine Tancarville (Seine-Maritime), mais c'est du nom de cette dernière que fut baptisé le célèbre pont suspendu de plus de mille quatre cents mètres, qui enjambe la Seine entre ces deux communes – le destin ayant voulu que l'on n'étende pas notre linge sur un marais-vernier.

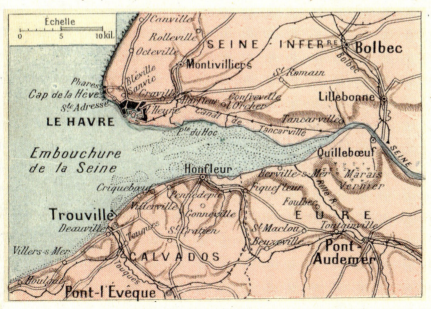

Bordé par une partie de l'estuaire de la Seine, le département de l'Eure n'est pas véritablement un département littoral, mais on y trouve tout de même deux anciens phares (La Côte et La Roque), non loin de Berville-sur-Mer.

Les géants de la Haye-de-Routot

Symboles d'immortalité, les ifs étaient traditionnellement plantés au cœur de nos cimetières, dont les murs présentaient l'avantage de ne pas laisser les animaux domestiques s'approcher de leurs écorces toxiques. Les deux fameux ifs de La Haye-de-Routot, qui présentent une circonférence de seize et quatorze mètres, existaient déjà depuis longtemps quand le cimetière fut aménagé au XIIIe siècle, puisqu'on estime qu'ils auraient près de 1 600 ans.

3923 Environs de Routot — LA HAYE-de-ROUTOT (Eure)
L'If Chapelle (12 m. de circonférence, 1500 ans d'existence)

Par nos aïeux il fut planté   Qui reposez sous son ombrage
Cet arbre que l'on a respecté   Bénissez Dieu qui l'a créé
Gens de tout sexe et de tout âge   Et tous ceux qui l'ont conservé.
E. Mellet, édit., Harfleur

Le village de La Haye-de-Routot fait perdurer la tradition des feux de Saint-Clair.

Peu à peu, l'intérieur de leur tronc s'est évidé, si bien qu'un orchestre de dix musiciens a pu se tenir dans l'un d'entre eux au XIXe siècle, époque au cours de laquelle furent aménagés dans leur tronc creux l'oratoire et la chapelle que l'on peut toujours admirer aujourd'hui.

Les carrières de Caumont

En contrebas du village de Caumont, on ne dénombre pas moins d'une dizaine de grottes entaillant la base d'un plateau calcaire qui domine un méandre de la Seine. La partie extérieure de ses méandres se présente toujours sous la forme d'un versant escarpé, activement soumis à l'érosion, au contraire de la partie intérieure qui se caractérise par une faible déclivité et le dépôt d'alluvions favorisé par la vitesse moindre du courant. Certaines grottes se sont muées en carrières, la pierre blanche de Caumont ayant servi notamment pour la construction de la cathédrale de Rouen. Pendant la Seconde Guerre mondiale,

COMPAGNIE ROUENNAISE DE NAVIGATION

L'Eure et la Seine-Maritime sont les deux premiers départements producteurs de lin, une plante qui a sa « maison » à Routot.

le site a attiré l'attention des Allemands, qui ont commencé à y aménager une usine de production d'oxygène liquide pour leurs missiles V2. Seuls les spéléologues peuvent admirer ces vestiges et déambuler dans le réseau karstique des carrières de Caumont. Autre curiosité de ces bords de Seine, la chapelle Notre-Dame-de-la-Ronce est quant à elle visible par tous. Elle a la particularité d'avoir été érigée près d'un chêne dont le tronc a dû être inséré dans un mur de soutènement.

LES CAPRICES DE LA RISLE

Au cours de l'été 2012, des riverains de la vallée de la Risle ont eu une étrange vision en observant leur rivière : des dizaines de poissons à l'agonie jonchant son lit asséché. La Risle a effectivement disparu sur plusieurs kilomètres entre Ajou et Groslay-sur-Risle, à cause de la formation d'une bétoire, un gouffre de quatre mètres de diamètre. Cette portion était déjà connue pour ses intrusions dans le sous-sol calcaire, une bétoire ayant été obstruée au XIXe siècle pour que l'affluent de la Seine refasse surface. Pour faire face à l'épisode de 2012, un canal de dérivation a été aménagé, mais la rivière était encore à sec en 2016, à cause d'infiltrations cette fois-ci plus discrètes. Dans sa partie aval, quand la vallée se fait plus large, son cours se ramifie à plusieurs reprises en de nombreux bras qui convergent pour n'en plus former qu'un avant de se séparer à nouveau. Des bateaux remontaient la Risle autrefois jusqu'à Pont-Audemer, grâce à des aménagements conçus à la fin du XVIIe siècle et détruits au siècle suivant par une crue.

Bétoire : *trou naturel dans lequel les eaux d'une rivière s'engouffrent (terme régional synonyme de perte ou de gouffre).*

L'IMBROGLIO DE BROGLIE

Si les bras de la Risle ont fait de Pont-Audemer la « Venise normande », ceux de l'artiste Irial Vets (1908-2001) ont fait de la chapelle de Saint-Vincent-la-Rivière une « Rome normande ». La discrète chapelle qui domine le cours de la Charentonne au sud de Broglie a été rachetée par cet autodidacte qui s'est mis en tête de n'en faire rien de moins qu'une réplique de la chapelle Sixtine – son style demeurant plus naïf que l'original. Les liens entre Broglie et l'Italie ne s'arrêtent pas là, puisque la cité, autrefois appelée Chambrais, a été rebaptisée du nom de la famille de Broglie, une lignée originaire du

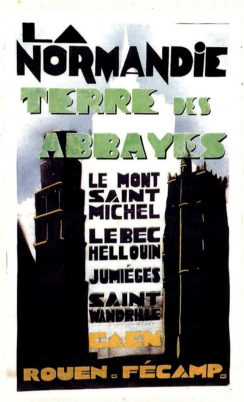

Bâtie au XVᵉ siècle, la tour Saint-Nicolas de l'abbaye Notre-Dame du Bec (à droite sur l'affiche), au Bec-Hellouin, abritait des cloches jusqu'à la Révolution.

Piémont qui a donné à la France trois maréchaux, deux présidents du Conseil, cinq académiciens, un prix Nobel de physique, mais aussi une subtilité phonétique : la différence de prononciation entre le toponyme qui se prononce « comme il s'écrit » et le patronyme homophone de Breuil.

D'Évreux à Vernon

La tour des Ébroïciens

Comme dans la plupart des villes du nord de la France, l'affirmation d'un pouvoir municipal et laïc s'est traduite à Évreux par la construction d'un beffroi. Cette Tour de l'horloge érigée au XVe siècle à l'initiative de la bourgeoisie venait alors concurrencer dans le paysage ébroïcien le château des comtes d'Évreux, symbole du pouvoir seigneurial autrefois situé à l'emplacement de l'hôtel de ville, et la cathédrale, symbole du pouvoir religieux avec l'abbaye Saint-Taurin.

CHOCOLAT GUÉRIN-BOUTRON

ARMES DES VILLES DE FRANCE

ÉVREUX

Vue d'Évreux

Du haut de ses quarante-quatre mètres, cette tour de guet permettait de surveiller les incendies et l'approche d'éventuels assaillants. Avec son horloge et sa cloche baptisée Louyse en l'honneur de Louis de Guyenne, le fils de Charles VI, elle rythmait les journées de travail, avec davantage de précision que les cloches des édifices religieux.

DISTILLERIE DE L'EURE

CITRON
PUR SUCRE

❧ LE FOL ITON ❧

Entre sa source et son confluent avec l'Eure, l'Iton parcourt non sans mal un peu plus de cent trente kilomètres, en présentant des similitudes avec la Risle. À mi-parcours, le cours d'eau voit son débit diminuer après Damville et son lit se retrouve totalement asséché au niveau du hameau de Rebrac. L'eau est absorbée par les bétoires, nom local des pertes où l'eau s'engouffre dans le sous-sol calcaire. Dans ce secteur, le cours d'eau est même renommé le Sec-Iton. Comme si ses intrusions souter-raines ne suffisaient pas, son cours a été détourné par des travaux entrepris dès le XIe siècle, à la demande d'Henri Ier Beauclerc. Près du village de Bourth, la Becquet de l'Iton est un barrage qui forme deux bras artificiels destinés à

Le Rouloir qui traverse Conches-en-Ouche vient augmenter le débit de l'Iton en aval d'Évreux.

renforcer les défenses des places fortes de Breteuil et de Verneuil. Le bras forcé de Breteuil rejoint le cours de l'Iton à Condé-sur-Iton, mais l'autre déviation envoie ses eaux vers le bassin versant de l'Avre où elle participe désormais davantage à l'embellissement qu'à la défense de la ville de Verneuil-sur-Avre.

Haute de cinquante-six mètres, la tour de l'église de la Madeleine de Verneuil-sur-Avre présente quelques ressemblances avec la tour de Beurre de la cathédrale de Rouen.

Ralliez-vous à mon panache blanc

Dans la vallée de l'Eure, le nom d'Ivry-la-Bataille fait référence à l'une des oppositions entre la ligue catholique du duc de Mayenne et l'armée royale d'Henri IV. À quelques kilomètres de là, c'est sur le territoire de la commune d'Épieds qu'un monument commémoratif a été érigé, là où, dit-on, le roi se serait endormi après être sorti victorieux de la bataille. Il s'agit d'un obélisque, qui est pourtant appelé « la pyramide », en référence à la forme d'un premier monument que Napoléon a fait remplacer en 1804.

C'est à cette bataille du mois de mars 1590 que l'on associe la phrase sans doute apocryphe : « Ralliez-vous à mon panache blanc ». Henri IV avait en effet placé de longues plumes blanches sur son casque pour pouvoir être repéré par ses compagnons durant le combat.

Les instruments du bassin couturiot

Dans le sud-est du département, la vallée de l'Eure regroupe un chapelet de petites villes où s'est développé un artisanat particulier, celui de la facture instrumentale. Ces communes sont au cœur du bassin couturiot, une

microrégion tirant son nom de La Couture-Boussey, où cette activité remonte au XVIIe siècle. L'entreprise Marigaux y fabrique toujours des hautbois, tandis qu'Ézy-sur-Eure compte encore deux entreprises spécialisées dans les accessoires pour instruments de musique. Ivry-la-Bataille abrite l'ancienne manufacture Thibouville-frères tandis que l'ancien moulin de Garennes-sur-Eure a accueilli un établissement similaire. Un musée, qui a ouvert ses portes dès 1888 à La Couture-Boussey, présente plus de deux cent cinquante instruments.

❦ LE CÉLÈBRE JARDINIER DE GIVERNY ❧

À la confluence de la Seine et de l'Epte, le village de Giverny a été rendu célèbre par le peintre Claude Monet qui s'y est installé en 1883. L'illustre représentant de l'impressionnisme aimait y peindre les bords de Seine et les champs parsemés de coquelicots, mais il a puisé les principaux sujets de ses tableaux près de sa maison au crépi rose,

dans un jardin qu'il a lui-même façonné, notamment pour peindre les nymphéas et le pont japonais de son jardin d'eau. Après sa mort en 1926, son fils a délaissé le domaine. Légué à l'Académie des beaux-arts, il a fait l'objet d'une immense tâche de restauration, menée à partir de la fin des années 1970, pour en faire aujourd'hui le site le plus visité du département.

Les nymphéas chers à Claude Monet.

Vernon, berceau français de la recherche spatiale

À l'écart de la ville, le site du Plateau de l'Espace est actuellement en reconversion après avoir été un haut lieu de la recherche spatiale française. L'aventure démarre après la Seconde Guerre mondiale, avec l'implantation du LRBA (Laboratoire de recherches balistiques et aérodynamiques) sur un ancien terrain militaire, où sont notamment employés près de cent cinquante scientifiques allemands qui avaient travaillé sur les funestes missiles V2. Rapidement, le projet d'une fusée-sonde se concrétise. Elle s'appelle *Véronique*, contraction de « Vernon » et « électronique ». Conçue au départ pour envoyer des instruments de mesure dans l'atmosphère, elle fait l'objet de tests souvent infructueux sur différents sites militaires de l'Hexagone, et notamment à Vernon où une retentissante explosion s'est fait entendre en 1950 lors de tests menés parallèlement sur la fusée *Éole*. Les campagnes opérées dans le Sahara algérien offrent par la suite davantage de succès. En 1961, pour étudier l'adaptation des êtres vivants, une fusée *Véronique* a pour passager un rat et deux ans plus tard la chatte Félicette revient indemne d'un séjour à plus de cent cinquante kilomètres d'altitude.

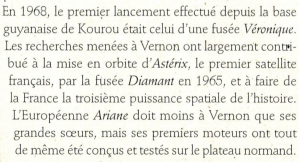

En 1968, le premier lancement effectué depuis la base guyanaise de Kourou était celui d'une fusée *Véronique*. Les recherches menées à Vernon ont largement contribué à la mise en orbite d'*Astérix*, le premier satellite français, par la fusée *Diamant* en 1965, et à faire de la France la troisième puissance spatiale de l'histoire. L'Européenne *Ariane* doit moins à Vernon que ses grandes sœurs, mais ses premiers moteurs ont tout de même été conçus et testés sur le plateau normand.

Peint par Claude Monet, le moulin de Vernon
a la particularité d'être construit à cheval sur deux arches
d'un ancien pont qui en comptait jadis vingt-cinq.

De Louviers à Gisors

❧ L'UTOPIQUE VAL-DE-REUIL ☙

Au sud-est de Rouen, à mi-chemin entre Le Havre et Paris, la ville de Val-de-Reuil peut être présentée comme la plus jeune ville de France : créée *ex nihilo* en 1972 sous le nom d'ensemble urbain du Vaudreuil, habitée à partir de 1975 et transformée en commune en 1981, Val-de-Reuil porte ce nom depuis 1984 pour se distinguer de la commune limitrophe du Vaudreuil. La ville nouvelle normande s'inscrit dans une politique nationale d'aménagement du territoire visant à rééquilibrer la croissance démographique parisienne.

Cette « ville à la campagne » se voulait moderne et fonctionnelle avec son plan à l'américaine, ses blocs résidentiels colorés et ses chaussées surélevées, mais, imaginée pour accueillir cent mille habitants, Val-de-Reuil en compte aujourd'hui moins de quinze mille, des infrastructures surdimensionnées et une place parmi les villes les plus pauvres de la région. Si les parcs d'activités qui l'entourent offrent de nombreux emplois notamment dans le secteur pharmaceutique, ils sont cependant occupés en grande majorité par des habitants d'autres communes.

N.-D. de Louviers

27

EURE

Louviers est une ancienne cité drapière qui forme désormais une vaste agglomération avec Val-de-Reuil.

Le Blason des Villes de France

LOUVIERS

LE FRANC

LOUVIERS
(EURE)

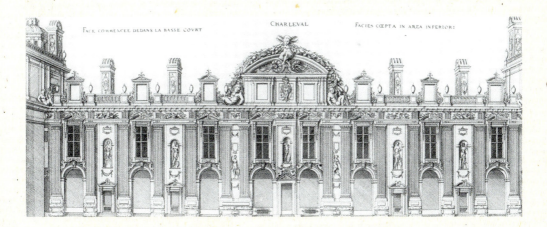

FACE COMMENCEE DEDANS LA BASSE COVRT CHARLEVAL FACIES CŒPTA IN AREA INFERIORI

LE VERSAILLES DE CHARLES IX

Quand la paroisse de Noyon-sur-Andelle a pris le nom de Charleval, à la fin du
XVIe siècle, ce changement devait accompagner un projet architectural de grande
envergure. Charleval doit son nom au roi Charles IX, arrivé au pouvoir en 1560 à
l'âge de dix ans, après le décès de son frère François II. Adepte de la chasse qu'il
pratiquait dans la forêt de Lyons, le jeune roi a jeté son dévolu sur la vallée de
l'Andelle pour affirmer son pouvoir mis à mal lors des guerres de Religion, avec

le dessein de bâtir le plus grand château du
royaume. Si aujourd'hui rien ne laisse penser que Charleval ait été le cadre d'un projet
d'une ambition comparable aux châteaux de
Chambord ou de Versailles, c'est parce que les
travaux ont rapidement été stoppés à la mort
du roi en 1574, sa mère Catherine de Médicis
n'ayant pu convaincre son frère Henri III de
faire sortir de terre le château. Une partie
des fondations, dont la localisation est bien
connue grâce à des plans, a été récemment
mise au jour lors de fouilles, mais les réels
vestiges du château de Charles VII sont bien
maigres et seule une cheminée de la salle
municipale est présentée comme telle.

5 - Lyons-la-Forêt - Les Trois Moulins

La forêt de Lyons

Aux confins du Vexin et du pays de Bray, la forêt de Lyons est une vaste hêtraie qui fut une propriété royale dès le haut Moyen Âge. Avec ses halles du XVIIe siècle et ses maisons à colombages, le charmant village de Lyons-la-Forêt occupe l'une de ses clairières. À sa lisière se dressent les ruines de l'abbaye de Mortemer, le

premier monastère cistercien de Normandie, fondé par Henri Ier Beauclerc. Sa fille Mathilde l'Emperesse hanterait l'abbaye, mais le village de Lyons pourrait tout aussi bien être hanté par Henri Ier. En effet, il y a trouvé la mort en 1135. Le roi d'Angleterre et duc de Normandie, âgé de 67 ans, aurait été en proie à une indigestion fatale après avoir mangé des lamproies.

L'abbaye de Mortemer.

L'étonnante usine-cathédrale des bords de l'Andelle

Si vous vous prome-nez entre Radepont et Douville-sur-Andelle dans le but de trouver l'ancienne abbaye Notre-Dame-de-Fontaine-Guérard, vous risquez de vous méprendre. À quelques hectomètres de ce monastère qui n'a pas été épargné par les soubresauts de la Révolution, un autre monument a des

L'ancienne filature de Fontaine-Guérard.

allures de cathédrale, avec ses arcs gothiques surmontés de quatre tours d'angle octogonales. Cet édifice bâti sur une île formée par deux bras de l'Andelle n'a pourtant jamais eu la moindre vocation religieuse, puisqu'il s'agit d'une filature du début du XIXe siècle, en ruine depuis un incendie survenu en 1874.

Des bâtiments étaient adossés à l'un des ponts qui se sont succédé pour franchir la Seine à Pont-de-l'Arche.

❧ CHÂTEAU-GAILLARD, LA FORTERESSE (À LA VUE) IMPRENABLE ☙

Les ruines de Château-Gaillard, qui s'étirent au-dessus de la ville des Andelys, témoignent encore des dimensions imposantes qu'avait cette forteresse. Elle fut construite à l'initiative de Richard Cœur de Lion, roi d'Angleterre, qui voulait assurer la défense des frontières orientales de son duché de Normandie, en barrant l'axe séquanien à son ennemi le roi de France Philippe Auguste. Cette forteresse devait être imprenable, autant que la vue que l'on peut y avoir sur l'un des méandres de la Seine. Du vivant de Richard Cœur de Lion, elle resta bien indomptée, mais sa construction ne s'est achevée qu'en 1198, seulement un an avant sa mort. Malgré la configuration favorable du site au sommet de falaises calcaires, les troupes françaises ne tardèrent pas à la faire tomber, en 1204 après un siège qui a tout de même duré sept mois, précipitant le rattachement de la Normandie au domaine royal.

CHEMINS DE FER DE L'ÉTAT

NORMANDIE & BRETAGNE
≈ VOYAGES A PRIX RÉDUITS ≈

Vue de la Seine. (*Le Petit-Andely et les ruines du Château-Gaillard.*)

3 GISORS — Le Château. — Le Donjon. — LL.

GISORS, LIEU DE RENCONTRE FRANCO-ANGLAIS

Le Vexin est une région naturelle divisée en deux régions historiques séparées par l'Epte : le Vexin français des Capétiens et le Vexin normand des Plantagenêts. Bâti près de cette frontière, il va sans dire que le château de Gisors s'est avéré stratégique. La première forteresse en bois a été le cadre d'une rencontre entre Henri Ier Beauclerc et le roi de France Louis VI le Gros. Un donjon en pierre avait été bâti quand Henri II y décida d'une trêve avec Philippe Auguste. Ce dernier a largement remanié le château de Gisors, une fois la Normandie annexée au domaine royal, mais cette nouvelle situation a relégué au second plan cette forteresse, qui est alors devenue une prison, avec des hôtes prestigieux. Philippe le Bel, en proie à des difficultés financières, fit arrêter les membres du puissant et fortuné ordre des Templiers, dont le dernier maître, Jacques de Molay, connut la détention à Gisors avant de périr sur le bûcher à Paris, en 1314. Avec ses graffitis, la tour du Prisonnier garde une trace possible de leur passage, mais il est convenu que leur auteur est un certain Nicolas Poulain, fils de l'archevêque de Rouen Charles Ier de Bourbon, rival du futur Henri IV. Toujours est-il que le mystérieux trésor des Templiers est souvent associé à Gisors, et les recherches sont désormais interdites à ses abords, des fouilles sauvages ayant fragilisé les fondations d'un édifice qui a relativement bien résisté à des siècles de querelles entre les camps français et anglais.

LA SEINE-MARITIME (76)

Population : 1 254 609 hab. **Superficie :** 6 278 km²
Chef-lieu : Rouen (110 618 hab., environ 370 000 dans l'agglomération)
Sous-préfectures : Le Havre (172 807 hab., environ 220 000 dans l'agglomération) et Dieppe (30 086 hab.)
Autres villes importantes : Fécamp (19 344 hab.), Elbeuf (16 680 hab., environ 40 000 dans
l'agglomération), Barentin (12 053 hab.), Yvetot (11 991 hab.), Bolbec (11 719 hab.), Lillebonne
(9 018 hab.), Notre-Dame-de-Gravenchon (commune déléguée de Port-Jérôme-sur-Seine 8 138 hab.)
et Eu (7 140 hab., environ 15 000 dans l'agglomération)

Nommée Seine-Inférieure jusqu'en 1955, la Seine-Maritime est le département le plus peuplé de Normandie. Du Havre sur l'estuaire de la Seine au Tréport à l'embouchure de la Bresle, il est baigné par la Manche, tout au long de la Côte d'Albâtre, qui tire son nom de la blancheur de ses falaises de craie. Une grande partie de son territoire est occupée par le pays de Caux, un plateau calcaire qui se prolonge au nord-est par le Petit Caux jusqu'à la vallée de la Bresle. D'Aumale à Eu, ce fleuve côtier, qui s'écoule dans une vallée ponctuée par de nombreux étangs, a marqué la frontière entre la Normandie et la Picardie et même celle entre les Gaules lyonnaise et belgique. Le sud-est du département est formé par la partie normande du pays de Bray, où la commune de Conteville abrite le point culminant de la Seine-Maritime à seulement deux cent quarante-sept mètres d'altitude. Le département présente tout de même des reliefs accidentés, les cours d'eau entaillant des bas plateaux, à l'image de la Seine qui dessine de gracieuses boucles avant de conclure un trajet long de sept cent soixante-dix-sept kilomètres.

Rouen et ses environs

⚹ LE PLUS HAUT MONUMENT AU MONDE ⚹

Peinte à de multiples reprises par Claude Monet entre 1892 et 1894, la cathédrale Notre-Dame de Rouen était encore, quelques années plus tôt, le plus haut monument au monde. Elle détint ce record à partir de 1876, quand s'acheva, après presque soixante années de travaux, la construction de sa flèche qui culmine à cent cinquante et un mètres, soit six mètres de moins que la cathédrale de Cologne qui l'a détrônée en 1880. Sa façade principale comprend la tour Saint-Romain, qui date du XIIe siècle, et une tour du XVIe siècle au nom étonnant : la tour de Beurre. Si cette dernière a bien une teinte qui tire vers le jaune, elle doit plus vraisemblablement son nom au fait qu'une partie des frais de sa construction provenait de l'argent versé par les fidèles les plus fortunés pour avoir le droit de consommer du beurre pendant le carême.

Edition de la CHOCOLATERIE POULAIN

Rouen

Les Grandes Cathédrales

La cathédrale de Rouen avant la construction de sa flèche.

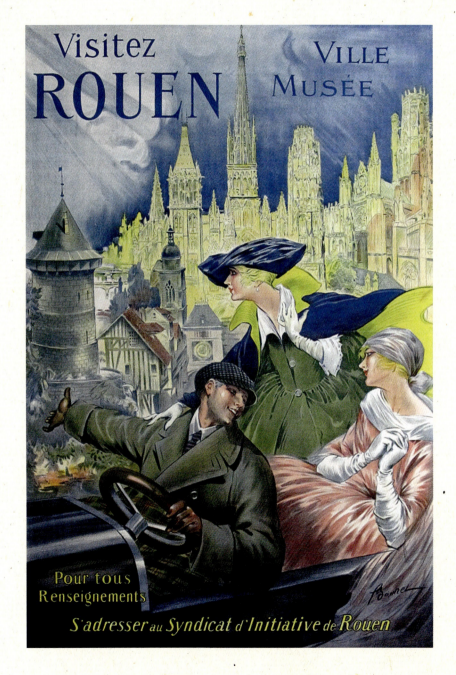

Une mystérieuse découverte sous le palais de justice

Poursuivant la voca-tion judiciaire du parlement de Normandie, le palais de justice de Rouen est l'un des plus beaux monuments de la ville. Si sa construction remonte au début du XVIᵉ siècle, l'on sait seulement depuis une quarantaine d'années qu'il a été bâti sur un édifice plus ancien.

CHOCOLAT GUÉRIN-BOUTRON

Nᵒ 11   PALAIS DE JUSTICE, A ROUEN (Seine-Inférieure)   Voir au dos

Lors de travaux de réfection, un bâtiment à demi enterré fut découvert sous un escalier et la présence d'inscriptions en hébreu atteste de son origine mais pas de son utilisation. Ancienne synagogue ? École rabbinique ? Les spécialistes pencheraient plutôt pour la résidence d'un juif fortuné, mais ce monument construit vers 1100 garde une grande part de mystère. En référence à l'une de ses inscriptions d'origine biblique, il est appelé la « Maison sublime », mais l'appellation plus évasive « monument juif » est couramment employée. Sa localisation n'est en tout cas pas surprenante : la rue qui longe le palais de justice n'est autre que la rue aux Juifs, au cœur d'un quartier connu au Moyen Âge comme le Clos aux Juifs, en référence à la communauté hébraïque autrefois importante à Rouen.

CHOCOLAT GUÉRIN-BOUTRON

Nᵒ 9 GROSSE HORLOGE, A ROUEN (Seine-Inférieure)

Accolé à un beffroi, le Gros-Horloge est une emblématique horloge astronomique du XIVᵉ siècle.

Le bûcher de Jeanne d'Arc

À l'instar du pont levant Gustave-Flaubert inauguré
en 2008, chaque pont routier de Rouen porte le nom
d'une personnalité qui y est née, comme le compo-
siteur Boieldieu ou l'auteur Corneille, ou qui est liée
à son histoire, tels Guillaume le Conquérant et sa
petite-fille Mathilde ou bien évidemment Jeanne
d'Arc. Celle qui changea le cours de la guerre de
Cent Ans fut emprisonnée au château de Rouen,
construit à partir de 1204 à l'initiative de Philippe Auguste, et dont il ne reste guère
aujourd'hui que le donjon justement connu comme la « tour Jeanne-d'Arc ». Brûlée
vive le 30 mai 1431 sur la place du Vieux-Marché, ancien lieu des exécutions
publiques, elle subit trois crémations avant que ses cendres ne soient jetées dans
la Seine, non loin de l'actuel pont Jeanne-d'Arc, afin d'éviter tout culte posthume.
Près de la singulière église Sainte-Jeanne-d'Arc inaugurée en 1979, une croix marque
de nos jours l'endroit où elle s'est éteinte.

Si Rouen a conservé deux marégraphes, qui faisaient avant tout office de châteaux d'eau,
le pont transbordeur à l'arrière-plan a été détruit en 1940.

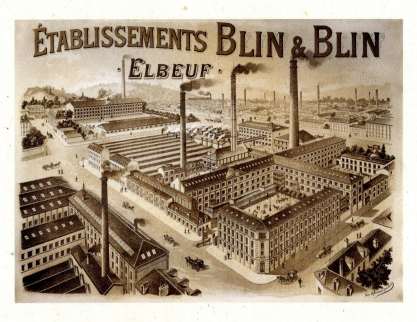

ELBEUF, LA VILLE AUX CENT CHEMINÉES

En comparaison avec Rouen, « la ville aux cent clochers », Elbeuf fut « la ville aux cent cheminées ». Nombreuses furent les petites villes normandes qui, comme cette cité des bords de Seine, ont vécu longtemps de l'industrie textile. Quand Colbert y a implanté la Manufacture royale de draps en 1667, il ne s'agissait pas de la création d'un nouvel établissement, mais davantage du regroupement d'un certain nombre de drapiers qui durent dès lors répondre à des normes plus précises. Ces fabricants géraient une production dont les premières étapes pouvaient être réalisées à domicile, en se réservant les opérations finales et l'écoulement de la marchandise. Au lendemain de la guerre de 1870, l'activité drapière connut un second souffle avec l'arrivée en masse d'Alsaciens, originaires principalement de Bischwiller. Ne souhaitant pas rester dans l'empire allemand, ces industriels aguerris ont trouvé à Elbeuf un site favorable avec une tradition textile ancienne. Touchée par la désindustrialisation, la ville a vu la quasi-totalité de ses cheminées disparaître au siècle dernier. La ville de Rouen, quant à elle, a conservé ses clochers, mais elle avait aussi participé au développement du secteur textile en Normandie, comme le montre le mot « rouennerie », qui désigne une toile en laine ou en coton où dominent le rose et le rouge.

Un fleuve pas si tranquille

Les nombreux aménagements qui ont eu pour but de domestiquer le cours de la Seine ont fait disparaître un phénomène naturel : le mascaret. Cette vague qui remontait l'estuaire était produite par la rencontre entre le courant descendant de la Seine et la marée montante. Naturellement plus importante lors des périodes d'équinoxe favorables aux grandes marées,

Le Petit Parisien
SUPPLÉMENT LITTÉRAIRE ILLUSTRÉ

LE MASCARET. — A CAUDEBEC-EN-CAUX

CHEMINS DE FER DE L'ÉTAT

ABBAYE DE JUMIÈGES
Excursions automobiles S.A.T.O.S au départ de ROUEN

elle pouvait atteindre plusieurs mètres de hauteur quand elle venait se briser sur les berges de Caudebec-en-Caux, ne manquant pas de ravir la foule et de rincer les plus téméraires. À quelques kilomètres de là, la Seine fut le théâtre d'un célèbre drame, le 4 septembre 1843, à savoir la noyade de Léopoldine Hugo et de son époux, un coup de vent ayant fait chavirer leur canot. Victor Hugo lui dédiera le célèbre poème qui débute par « Demain, dès l'aube », avant d'évoquer les voiles descendant vers Harfleur et la tombe de sa fille, rejointe plus tard par sa mère et sa sœur dans le cimetière de Villequier.

Le Havre et ses environs

Les racines anglaises du club doyen

Le HAC (Le Havre Athletic Club) est connu pour être le plus ancien club de football français. Structuré en 1884 sous ce nom, il fait suite à un autre regroupement fondé dès 1872 par des ouvriers anglais qui pratiquaient différents sports près du port. La section football n'est véritablement ouverte qu'en 1894, ce qui est suffisant pour en faire le club doyen du ballon rond. Plus inattendu, le HAC l'est également pour le ballon ovale, la proximité avec l'Angleterre ayant aussi favorisé l'essor du rugby, avant que celui-ci ne devienne populaire dans le Sud de la France. Les couleurs des maillots rappellent également l'Angleterre et une célèbre rivalité : le bleu ciel de Cambridge s'allie au bleu marine de sa rivale Oxford.

Le Havre était le port d'attache du paquebot **France.**

⚓ FRANCISCOPOLIS, CINQ CENTS ANS D'HISTOIRE ⚓

Avec Harfleur faisant face à Honfleur, l'estuaire de la Seine ne comptait au début du XVIe siècle que deux ports, aux dimensions jugées trop étriquées par François Ier. Ce dernier signa en 1517 l'acte de fondation d'un nouveau port, d'abord connu sous le nom de « Franciscopolis » ou de « Ville Françoise de Grâce », avant que les appellations « Havre de Grâce » et plus simplement « Le Havre » ne leur soient préférées. La maison de l'armateur

LE HAVRE EN 1520

Martin-Pierre Foache est l'un des rares bâtiments rappelant la prospérité du port au XIXe siècle, mais aussi son rôle dans le commerce triangulaire. Les bombardements alliés ont en effet détruit la quasi-totalité de la ville, faisant près de deux mille morts. La reconstruction opérée par l'architecte Paul Perret a pour ainsi dire donné naissance à une ville nouvelle, dont les qualités urbanistiques, souvent décriées, ont pourtant été reconnues par l'Unesco. Sur la rive droite de l'estuaire, la zone industrialo-portuaire s'étire désormais sur près de quinze kilomètres. Depuis 1971, l'entrée des bateaux y est régulée par la plus grande écluse de France. Composée de quatre portes roulantes et de deux ponts mobiles, d'un sas long de quatre cents mètres emprunté par dix mille navires par an, cet équipement d'envergure du deuxième port français (derrière Marseille) a tout naturellement été baptisé « écluse François-Ier ».

SAINTE-ADRESSE, HAVRE DE PAIX

À l'extrémité occidentale du département, Sainte-Adresse est en quelque sorte la station balnéaire du Havre. L'homme d'affaires Georges Dufayel y créa le quartier du Nice havrais, dominé par le phare de la Hève mais aussi par le Pain de Sucre, qui n'est pas une colline, mais un monument érigé en l'honneur du général Lefebvre-Desnouettes. Tout près de là, l'immeuble Dufayel eut un destin inattendu durant la Première Guerre mondiale, puisqu'il accueillit pendant quatre ans le gouvernement belge, faisant de Sainte-Adresse ni plus ni moins que la capitale de la Belgique, une ancienne boîte aux lettres rappelant devant l'immeuble que la Belgique avait organisé son propre service postal. Le pays était quasi entièrement occupé par l'armée allemande, et la France avait alors proposé de céder la commune normande le temps des hostilités, pour leur éviter le statut de gouvernement en exil. Le roi Albert Ier – dont une statue orne la ville – demeura cependant à La Panne, dans la zone non occupée, tandis que le chef du gouvernement effectuait de nombreux allers-retours entre la Belgique et la station balnéaire normande, dont les hôtels et les villas virent l'arrivée de près d'un millier de personnes gravitant autour de l'administration et des ministères d'outre-Quiévrain. Des réfugiés belges, encore plus nombreux, purent quant à eux travailler à l'arrière, dans des usines d'armement.

La reconversion originale d'un vestige de la guerre froide

Depuis près de trente ans, la ferme marine d'Octeville-sur-Mer est notamment dédiée à la reproduction de turbots et de homards. Au pied des premières falaises de la Côte d'Albâtre, elle occupe un site qui avait auparavant une tout autre vocation, comme le laisse penser ses épais murs en béton destinés à résister à des bombardements. Mais il ne s'agit pas de l'un des nombreux vestiges du mur de l'Atlantique mis en place par les Allemands, et les bombardements redoutés sont ceux des Soviétiques, dans le contexte tendu de la guerre froide. Le site date de la fin des années 1950 et fut jusqu'en 1980 une base de l'OTAN, plus précisément une station de pompage de carburant qui aurait pu être utile en cas de destruction du port du Havre.

Le pays de Caux et la Côte d'Albâtre

UN PARC ZOOLOGIQUE **CLÈRES** à 20 Km de ROUEN
(Plus de 2.000 animaux en liberté)
NOMBREUX TRAINS ET AUTORAILS TOUS LES JOURS
Billets d'excursions les Jeudis et Dimanches de Rouen et Dieppe

⚜ LES TROUS NORMANDS ⚜

Le sous-sol du pays de Caux est un véritable gruyère – si tant est que ce fromage suisse souvent confondu avec l'emmental ait des trous. Il regorge en effet de marnières, des cavités creusées essentiellement au XIXe siècle pour l'exploitation de la craie, qui était utilisée pour amender les sols (sous le nom impropre de marne). Il y en aurait entre 60 000 et 100 000 disséminées à travers le département de Seine-Maritime, où seuls le fond des vallées et le pays de Bray échappent aux phénomènes de fontis. Le sous-sol cauchois présente un réel danger, ces effondrements relativement courants étant difficiles à prévoir.

Fontis : affaissement du sol produit par un effondrement souterrain.

Le château de Miromesnil, où est né Guy de Maupassant en 1850.

Le paradis fiscal des rois d'Yvetot

Pendant plusieurs siècles, ce sont des rois qui se sont succédé à la tête de la seigneurie d'Yvetot, un minuscule royaume dont les origines ne sont pas clairement établies. Vassaux des rois de France, ces seigneurs jalousés par le parlement de Normandie perdirent leur titre royal au XVIe siècle, mais leur seigneurie devint une principauté qui conserva ses exemptions fiscales. L'habitude fit que l'on parla encore pour quelque temps du « roi d'Yvetot », à propos de qui Henri IV aurait dit : « C'est un petit roi, mais c'est un roi ! » Jusqu'au 4 août 1789, jour – ou plutôt nuit – du vote de l'abolition des privilèges, les Yvetotais étaient exempts de taille et affranchis des droits pour tenir leur foire. En 1926, Yvetot perdit un dernier « privilège », quand la ville cessa d'être le siège de l'une des sous-préfectures de ce qui était encore la Seine-Inférieure.

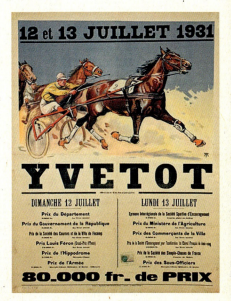

Allouville et son chêne

Probablement millénaire ou bientôt en passe de l'être, le chêne qui se dresse près de l'église d'Allouville présente une circonférence d'environ quinze mètres et a la particularité d'abriter deux petites chapelles au sein de son tronc évidé. *Le Chêne d'Allouville* est aussi le titre d'un film dans lequel l'arbre se retrouve menacé par un projet d'élargissement de la rue principale du village. Connu également sous le titre *Ils sont fous ces Normands*, ce film sorti en 1981 réunissait des pointures à l'image de Pierre Tornade dans le rôle du maire opposé au curé, incarné par Bernard Ménez, et à l'ensemble des villageois. Nul doute que ces derniers ne manqueraient pas de nos jours de défendre l'arbre qui fait la renommée de la commune d'Allouville-Bellefosse.

La chapelle fut érigée dans le tronc en 1696.

⟨⟨ LE RECORD DE LA VEULES ⟩⟩

Malgré son s final, la Veules n'en demeure pas moins un fleuve singulier. Son embouchure se situe sur la commune de Veules-les-Roses, petite station balnéaire de la Côte d'Albâtre. Sa source se trouve quant à elle sur la commune de… Veules-les-Roses. Ce fleuve côtier n'est en effet long que de 1 149 mètres, ce qui lui vaut d'être considéré comme le plus petit fleuve de France. Sa longueur est suffisante pour que son cours soit jalonné de plusieurs moulins, tandis que ses eaux sont utilisées pour la culture du cresson.

Ces vallées qui n'atteignent pas la mer

Les villes de Fécamp, Dieppe ou Le Tréport se sont développées à partir des sites de la Côte d'Albâtre où la craie a pu être creusée par un fleuve côtier, mais ses falaises ne sont souvent que partiellement entaillées par des vallons suspendus qui n'atteignent pas la mer. Connues sous le nom de valleuses, ces dépressions caractéristiques du littoral cauchois sont dues au recul des falaises, à la baisse du niveau de la Manche et à l'absence de cours d'eau aptes à les creuser davantage. Elles sont nombreuses à avoir fait l'objet d'aménagement pour permettre l'accès à la mer, mais à l'image de la valleuse du Curé qui doit son nom au fait qu'un prêtre de Bénouville y fit tailler 283 marches à la fin du XIXe siècle, ces escaliers n'ont pas toujours résisté à des menaces à la fois marines, météorologiques et géologiques.

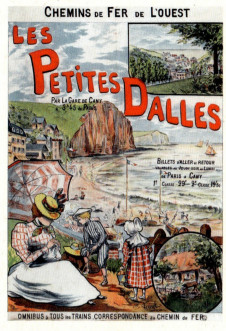

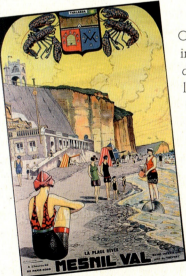

Quand l'altitude de ces valleuses n'est pas trop importante, elles sont généralement occupées par de petites stations balnéaires à l'image des valleuses des Grandes Dalles et des Petites Dalles. Ces vallées perchées sont généralement sèches, l'eau s'infiltrant dans la roche calcaire, ce qui ne l'empêche pas, parfois, de ressortir à flanc de falaises. C'est le cas à Grainval, près de Fécamp, où la Roche-qui-pleure est une source qui jaillit sur la plage, formant une étonnante chute d'eau. Et s'il n'était pas plutôt ici le plus petit fleuve de France ?

Valleuse : *vallée suspendue qui n'atteint pas la mer.*

Les Petites-Dalles et Mesnil-Val, deux stations aménagées dans des valleuses.

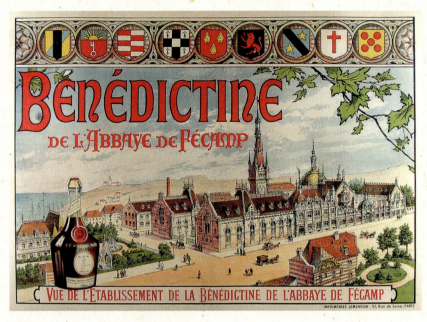

VUE DE L'ÉTABLISSEMENT DE LA BÉNÉDICTINE DE L'ABBAYE DE FÉCAMP

Un palais pour la Bénédictine

Mêlant notamment les styles gothique et Renaissance, l'architecture éclectique du palais Bénédictine est à la mesure de la richesse de son fondateur, qui a fait fortune en commercialisant la liqueur du même nom. En 1863, ce négociant en spiritueux se serait inspiré d'un ouvrage sur les plantes médicinales de l'abbaye bénédictine de Fécamp, pour concocter une recette dont les dosages sont toujours tenus secrets de nos jours. Pour son palais qui fait également office de distillerie et de musée, il a fait appel à l'architecte Camille Albert, un « diadoque » de Viollet-le-Duc. À Contremoulins, près de son château de Gruville, ce patron enclin aux idées paternalistes a aussi créé une ferme modèle, organisée autour de l'un des nombreux clos-masures caractéristiques de la campagne cauchoise. La Bénédictine a conquis le monde entier et est même principalement vendue aujourd'hui en Asie de l'Est, ce qui aurait à coup sûr satisfait ses penchants mégalomanes qui trouvent peut-être leur origine dans son nom : le père de la Bénédictine a pour nom Alexandre Le Grand !

Clos-masure : *espace généralement quadrangulaire délimité par un talus planté de hauts arbres et dont l'intérieur, occupé par un verger, comprend une maison de maître et les différents bâtiments d'une ferme.*

SOUS LES FALAISES D'ÉTRETAT

À Étretat, l'érosion a façonné le paysage le plus emblématique de la Côte d'Albâtre. Aux trois célèbres portes et la non moins fameuse aiguille, il faut associer l'aiguille de Belval, qui culmine à près de soixante-dix mètres un peu plus à l'est. Sur la plage d'Étretat, près des vestiges d'un parc à huîtres aménagé pour la reine Marie-Antoinette, se trouve l'entrée du « trou à l'homme », un passage creusé sous la falaise d'Aval qui devrait son nom à un naufragé suédois.

L'aiguille de Belval, à Étretat.

*La Plage
Élégante et Gaie*

Son Casino
Ses Jeux
Ses Hôtels

Son Golf.
Ses Tennis
Ses Bains

ETRETAT

Il permet d'accéder à la plage de Jambourg, majestueusement bornée par la porte d'Aval et la Manneporte. Au-delà de cette dernière, s'avance la pointe de la Courtine, qui n'a pas été creusée par les forces de la nature, mais par l'homme ; une fois franchi le tunnel surnommé « le trou de serrure », le phare d'Antifer et la vue sur le port pétrolier du même nom ponctuent cette balade littorale dont il ne faut pas ignorer les dangers, qui viennent à la fois de la mer avec la marée montante et de la terre avec les fréquents éboulements.

Les trois phares d'Ailly

VARENGEVILLE (Seine-Inférieure).
Le Phare d'Ailly. — Ailly Light-House.
64

L'érosion marine fragilise la base de falaises par ailleurs attaquées par les eaux d'infiltration soumises au gel. Ainsi, la Côte d'Albâtre recule de dix à cinquante centimètres par an en moyenne. Les exemples illustrant ce phénomène sont légion et certains secteurs comme le cap d'Ailly sont particulièrement concernés. Un premier phare y fut mis en service en 1775, non loin du cimetière marin de Varangéville-sur-Mer. Construit à l'origine à cent cinquante mètres de la falaise, il s'est vite retrouvé menacé, et la construction d'une nouvelle tour fut décidée en 1897. C'est pourtant ce second phare qui disparut le premier, non pas à cause du recul de la falaise qui le menaçait également, mais de la volonté des Allemands de le détruire sous l'Occupation. Toujours debout, le premier phare reprit du service, en attendant l'édification du troisième phare d'Ailly, opérationnel en 1958, et avant son inéluctable effondrement survenu dans les années 1960. Non loin de là, la plage voisine de Sainte-Marguerite-sur-Mer abrite un gigantesque bunker, étonnamment planté sur la plage – plus précisément sur le platier, nom donné à la plateforme rocheuse abrasée à l'emplacement des anciennes falaises. Cette énorme masse de béton du mur de l'Atlantique était autrefois perchée à plusieurs dizaines de mètres ; destinée à s'écrouler, sa chute a volontairement été provoquée en 1995, le bunker s'éloignant dès lors peu à peu des falaises…

Cartographes et explorateurs dieppois

Au XVIe siècle, le port de Dieppe était réputé pour son école de cartographie. Avec les moyens de l'époque, le travail des cartographes reposait sur les descriptions des explorateurs portugais, mais Dieppe comptait aussi ses armateurs, à l'image de Jean Ango, qui a laissé son nom au manoir d'Ango, et ses explorateurs, comme le méconnu Jean Cousin. Il fut pourtant présenté au XIXe siècle comme le découvreur des côtes brésiliennes en 1489, trois ans avant la découverte de l'Amérique par Christophe Colomb. Mais ces récits ont été contredits, l'explorateur et cartographe Jean Cousin ayant d'ailleurs seulement navigué au milieu du siècle suivant.

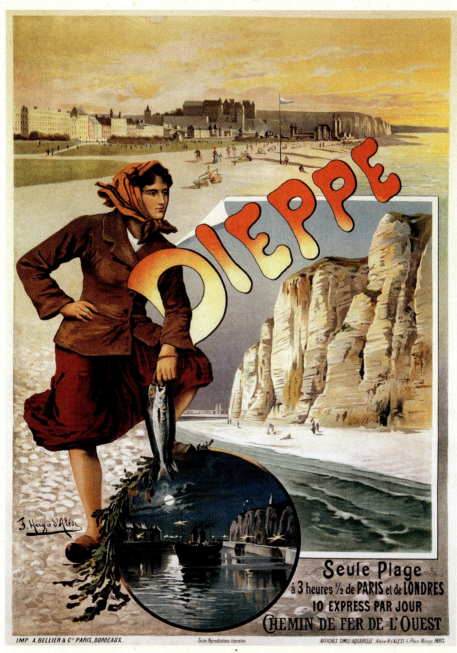

⚓ DIEPPE, LA DOYENNE DES STATIONS BALNÉAIRES FRANÇAISES… ET LA PREMIÈRE STATION DE SKI DE NORMANDIE ! ⚓

Parfois surnommée la ville aux quatre ports, Dieppe a profité de sa situation géographique pour connaître un essor touristique dès le milieu du XIXᵉ siècle ; la plage la plus proche de Paris est en effet celle de Dieppe (150 km à vol d'oiseau). Avant même l'arrivée du chemin de fer, Dieppe attira l'aristocratie, sa promotion ayant été assurée par la duchesse de Berry, Caroline de Bourbon,

qui fit des bains de mer une nouvelle pratique à la mode dès les années 1820, période également marquée par la construction du premier casino de la ville. Si Dieppe peut se vanter d'être la première station balnéaire de France, un aménagement inattendu en a fait la première – et l'unique… – station de ski de Normandie. Une piste de ski synthétique a en effet été inaugurée près du terrain de golf en 1967 en présence des champions de ski alpin du moment. L'attraction n'a pas rencontré le succès espéré et la station s'est rabattue sur une activité plus adaptée en organisant tous les deux ans, depuis 1980, le festival international de cerf-volant.

LE PREMIER BAIN DE MER
Au son du canon, la Duchesse de Berry entrant dans la mer à Dieppe, en compagnie du maire de la ville.
(Voir en page 3 l'article de Jean Lecoq, et en pages 8 et 9 notre planche en couleurs représentant les costumes de bain de 1800 à nos jours.)

Document de propagande anti-Alliés relatant le débarquement de Dieppe.

L'AUTRE DÉBARQUEMENT DE NORMANDIE

Si jamais il vous arrive d'entendre des Dieppois s'exprimer avec un accent particulier, c'est peut-être parce que vous aurez en face de vous des Canadiens. Dieppe est en effet une ville du Nouveau-Brunswick, la seule province canadienne officiellement bilingue (français et anglais), et elle doit bien son nom à la cité normande. Elle a été baptisée ainsi en 1946, en hommage à une offensive qui a coûté la vie à plus de neuf cents Canadiens. Dans le cadre de l'opération Jubilee, un débarquement fut organisé dès 1942. Le 19 juin, cette tentative menée par des troupes majoritairement canadiennes s'est conclue par un désastre, même si les plus optimistes diront qu'elle a permis de mieux préparer les débarquements ultérieurs. Fruit d'une probable coïncidence, un verbicruciste britannique a eu quelques ennuis pour avoir placé le mot Dieppe dans une grille de mots croisés publiée dans le *Daily Telegraph* deux jours plus tôt. Toujours est-il que les Canadiens ont pu prendre leur revanche en libérant la ville le 1ᵉʳ septembre 1944. Près du cap D'Antifer un monument rappelle, quant à lui, une autre incursion alliée sur les côtes normandes avant le D-Day. Menée par les Britanniques, la plus modeste opération Biting a permis de récupérer les principaux éléments d'un radar allemand, dont le fonctionnement précis était encore inconnu.

L'étonnant habitat linéaire de l'Aliermont

Entre les vallées de la Béthune et de l'Eaulne, l'Aliermont est une sous-région du pays de Caux dont la seule ville, Saint-Nicolas-d'Aliermont, possède un musée évoquant sa tradition horlogère. Ces deux vallées parallèles sont distantes d'environ six kilomètres et leurs versants ne laissent qu'une partie sommitale relativement étroite au plateau qu'elles délimitent. Celui-ci a pourtant vu s'implanter une série de villages, étonnamment alignés. De Saint-Nicolas-d'Aliermont à Croixdalle, en passant par Notre-Dame-d'Aliermont et Sainte-Croix-d'Aliermont, il est possible de parcourir une quinzaine de kilomètres sans se retrouver en rase campagne.

Bayard est l'une des sociétés horlogères autrefois implantées à Saint-Nicolas-d'Aliermont, ville où furent créés les enregistreurs Lambert, ancêtres de la pointeuse.

Parallèles à leur rue principale, les Forières d'en haut et les Forières d'en bas constituent deux axes secondaires passant derrière les parcelles habitées. Isolé, le village de Saint-Jacques-d'Aliermont présente également cette configuration de village-rue, un type de village qui est souvent le signe de l'installation d'une population faisant suite à un défrichement. À proximité des forêts d'Eawy, d'Arques et du Hellet, les surprenants villages-rues continus de l'Aliermont ne semblent pas échapper à cette règle.

CHATEAU D'EU (Seine-Inférieure)

Les prémices de l'Entente cordiale

Eu, le célèbre « trou normand » des verbicrucistes, dont le maire est bien connu des amateurs de calembours, se situe au nord-est du département et de la région naturelle du Petit Caux. Son château, aujourd'hui propriété de la commune, fut une résidence d'été de Louis-Philippe Ier, le dernier roi ayant régné en France, de 1830 à 1848. Il y reçut à deux reprises la reine Victoria, en 1843 et 1845, lors de rencontres qui ont préfiguré l'Entente cordiale signée entre la France et le Royaume-Uni en 1904.

Le funiculaire du Tréport traverse la falaise pour relier la plage au quartier des Terrasses. Un autre funiculaire se trouve non loin de là : la centrale nucléaire de Penly est l'un des rares sites industriels à disposer d'un tel équipement.

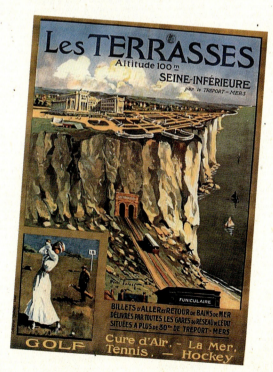

Le pays de Bray

LE PETIT-SUISSE EST UN PETIT NORMAND (OU PRESQUE)

Malgré son nom, il est de coutume de considérer le petit-suisse comme un fromage normand. Des fromages semblables à ces cylindres enveloppés de papier étaient produits au début du XIXᵉ siècle aux confins de la Seine-Maritime et de l'Oise. C'est dans ce dernier département, à Villers-sur-Auchy, que ce fromage frais aurait été baptisé en l'honneur d'un employé helvétique de Mᵐᵉ Hérould, une modeste productrice qui aurait confié ses secrets de fabrication à un certain Charles Gervais, dont la société mère s'est installée à Ferrières-en-Bray, commune normande limitrophe de Villers-sur-Auchy.

Au cœur de la boutonnière

En observant une carte géologique du Bassin parisien (voir p. 9) et plus particulièrement l'est de la Seine-Maritime, il est aisé de remarquer une forme allongée qui rappelle celle d'une boutonnière. Encadrée par deux cuestas qui se font face sur près de soixante kilomètres, une situation rare bien connue des géographes, la zone centrale de la boutonnière a été plus activement soumise à l'érosion, car elle présentait des roches plus tendres que la craie de ces rebords escarpés. Les terres argileuses et sableuses du crétacé inférieur affleurent avec les sols marneux du jurassique, faisant de la boutonnière de Bray une sorte d'anomalie au milieu des terres crayeuses du crétacé supérieur qui occupent le reste du département. Le pays de Bray s'est ainsi davantage tourné vers l'élevage, Neufchâtel ayant laissé son nom à un fromage AOC qui prend parfois la forme caractéristique d'un cœur.

Cuesta : forme de relief des périphéries des bassins sédimentaires constituée d'un talus en pente raide (le front) et d'une pente en sens inverse plus douce à son sommet (le revers).

À Forges-les-Eaux, le thermalisme a pris le relais de l'exploitation du minerai de fer.

CRÉDITS ICONOGRAPHIQUES

Les images de cet ouvrage sont issues de collections particulières,
à l'exception de :

Collection Kharbine-Tapabor
Pages 132 (bas), 59 (bas), 133.

Collection IM / Kharbine-Tapabor
Pages 25, 129 (bas).

Collection Perrin / Kharbine-Tapabor
Pages 47 (bas), 121 (bas), 137.

Droits réservés :
Pages 7, 9 (bas), 47 (bas), 62 (droite), 84 (bas), 99 (bas), 110 (haut), 113, 121 (bas).

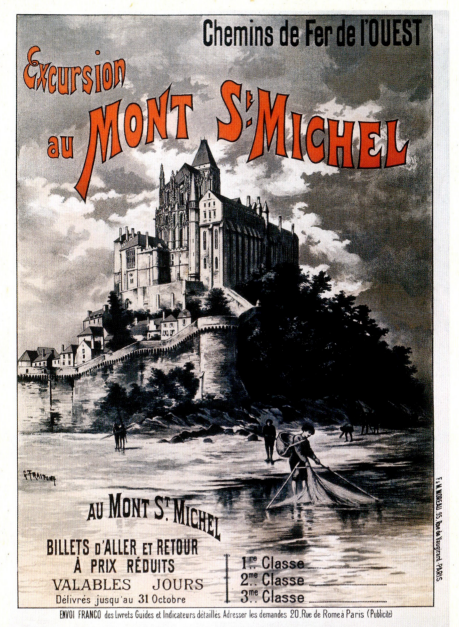

TABLE DES *matières*

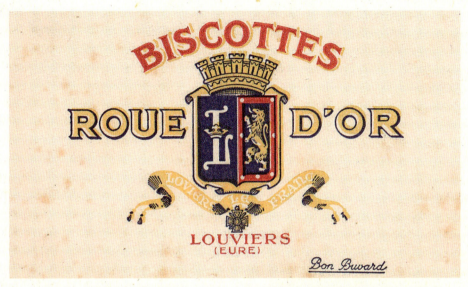

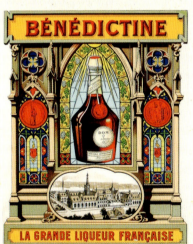

Éditeur : Hervé Chirault
Coordination éditoriale : Isabelle Rousseau
Collaboration éditoriale : Corentin Breton
Conception graphique : Studio des Éditions Ouest-France
Mise en pages : Virginie Letourneur
Cartographie : Patrick Mérienne
Photogravure : graph&ti, Cesson-Sévigné (35)

Impression : SEPEC, Peronnas (01) - 08315170912
© 2017, Éditions Ouest-France, Édilarge SA, Rennes
ISBN : 978-2-7373-7393-0
N° d'éditeur : 8488.01.2,5.10.17
Dépôt légal : octobre.2017
Imprimé en France
www.editionsouestfrance.fr

IMPRIM'VERT®